KB081413

2

이미지 인문학 2

2

섬뜩한 아름다움을 창조하는 언캐니의 세계

진중권 지음

천년의상상

가와노 히로시 선생에게 이 책을 바칩니다.

지은이의 말

어느새 '디지털'이라는 낱말은 낡은 것obsolete이 되었다. '디지털'이라는 말을 듣기 힘들어진 것은 디지털이 사라졌기 때문이 아니다. 그 반대로 아날로그 매체가 사라졌기 때문이다. 디지털 테크놀로지가 처음 우리의 일상에 들어올 때만 해도, 아날로그 매체와 구별되는 디지털의 특성은 관심의 대상이 될 수밖에 없었다. 하지만 주위의 모든 것이 디지털화fl한 오늘날, '디지털'은 딱히 새로울 것이 없는 일상이 되었다. 보드리야르의 표현을 패러프레이즈하자면, '오늘날 디지털은 사라졌다. 너무 적어서가 아니라 너무 많아서 사라졌다.'

사라짐은 두 방향으로 이루어졌다. 하나는 컴퓨터 안에서 매체들의 차이가 사라지는 내파implosion의 방향이다. 컴퓨터는 모든 것을 0과 1의 '정보'로 환원하는 양자적 특성에 힘입어 아날로그 매체들의 질적 고유성을 지워버린다. 그것은 이미 제 안에 계산기, 타자기, 회화, 사진, 편지, 전화, 라디오, 텔레비전 등 모든 아날로그 매체의 기능을 통합했다. 다른 하나는 아날로그 매체들을 디지털화하는 외파explosion의 방향이다. 전화, 영화, TV 등 컴퓨터 밖의 아날로그 매체들도 이미 오래전에 디지털화를 완료했다. 이른바 포스트디지털 시대로 접어든 것이다.

테크노에틱 인문학

니콜라스 네그로폰테가《디지털이다》*Being Digital*(1995)에서 예언한 모든 것이 오늘날 더는 특별할 것 없는 일상의 현상이 되어버렸다. 우리는 전자책의 책장을 마치 실제 책인 양 손가락으로 짚어 넘긴다. 이렇게 디지털 가상이 아날로그 현실의 자연스러움을 가지고 다가올 때, 그 익숙함 속에서 디지털 매체의 진정한 본성은 슬쩍 은폐되기 쉽다. 이는 디지털의 대중을 하이데거가 말한 '존재 망각'의 상태로 이끌어갈 것이다. 하지만 우리의 망각 속에서도 디지털의 논리는 화려한 가상 아래 여전히 작동하고 있다. 그 기제는 늘 의식되고 반성되어야 한다.

인문학에서는 '미디어적 전회'*medial turn*가 일어나고 있다. 사실 '전회'는 이번이 처음이 아니다. 이미 17세기에 철학은 인식론적 전회*epistemological turn*를 수행했다. "세계는 의식에 주어진다." 따라서 세계를 인식하려면 먼저 '의식'부터 점검해야 한다는 것이다. 그리고 20세기의 철학은 언어학적 전회*linguistic turn*를 수행했다. "의식은 언어로 구조화한다." 따라서 의식을 파악하려면 언어의 본성을 알아야 한다는 것이다. 하지만 오늘날 "세계는 미디어로 구축된다." 그렇다면 세계를 인식하기 전에 먼저 미디어의 본성을 이해해야 할 것이다.

'인문학 위기'란 결국 텍스트에 기초한 고전적 인문학의 위기다. 정보의 저장 및 전달의 매체가 달라졌다. 과거에는 책이 사람을 형성했다면 오늘날 인간의 의식은 영상으로 빚어진다. 텍스트 중심의 인문학은 이제 이미지와 사운드의 관계 속에서 다시 정의되어야 한다. 이는 이미지에 기초한 새로운 유형의 인문학을 요청한다. 이 책은 디지털 테크놀로지와 더불어 등장한 제2차 영상문화, 제2차 구술문화를 설명하기 위한 새로운 인문학의 시도라 할 수 있다. 그 것을 로이 애스콧의 용어를 빌려 '테크노에틱'technoetic 인문학이라 부르고자 한다.

'테크노에틱'은 기술을 의미하는 '테크노'techno와 인식을 의미하는 '노에시스'noesis의 합성어로, 인간의 정신을 기술적 매체와의 관계 속에서 탐구한다는 의미를 담고 있다. 월터 옹에 따르면, "미디어는 의식을 재구조화한다." 이 캐나다의 영문학자는 구술문화와의 대비 속에서 우리의 의식이 실은 '문자'라는 매체의 산물임을 보여준 바 있다. 그렇다면 문자문화의 종언을 가져온 디지털 미디어는 우리의 의식을 어떻게 바꾸어놓을 것인가? 테크노에틱 인문학의 가장 중요한 과제는 이 '미디어 아프리오리'media apriori를 드러내는 데 있다.

현실과 은유가 중첩된 파타피직스의 세계

미디어는 세계와 인간을 매개하면서, 동시에 그 둘을 변화시킨다. 그리하여 세계와 인간은 미디어와 더불어 공진화共進化한다. 물론 그렇게 변화한 세계는 과거와는 다른 '존재론'ontology을 요구하며, 그렇게 변화한 인간은 과거와는 다른 '인간학'anthropology을 요구한다. 우리의 여정은 미디어 철학자 빌렘 플루서의 짧은 논문에서 출발할 것이다. 그의 〈디지털 가상〉Digitaler Schein(1991)은 '전회' 이후에 등장한 미디어 담론 중 보기 드물게 철학적 존재론과 인간학의 수준에 도달한 논문으로, 디지털 이미지의 미학을 다루는 이 책의 철학적 준거가 되어줄 것이다.

책은 두 부분으로 나뉜다. 먼저 1권에서는 철학사의 근본적 단절이 디지털 테크놀로지와 더불어 어떻게 사라지는지 살펴볼 것이다. 널리 알려진 것처럼 '철학'은 가상과 실재를 구별하는 데서 출발했다. 플라톤 같은 관념론자든 데모크리토스 같은 유물론자든, 모든 철학자는 가상의 베일 뒤에 숨은 참된 실재를 찾으려 했다. 하지만 디지털 테크놀로지는 상상과 이성, 허구와 사실, 환상과 실재 사이의 단절을 봉합선 없이 이어준다. 이로써 가상과 현실 사이에 묘한 존재론적 중첩의 상태가 발생한다. 그것을 우리는 '파타피직스'potaphysics라 부를 것이다.

'파타피직스'는 가상과 현실이 중첩된 디지털 생활세계의 존재론적 특성이자, 동시에 그 세계 속에서 살아가는 디지털 대중의 인지적 특성이기도 하다. 그것은 가상현실VR이나 증강현실AR이 보여주듯 오늘날 인터페이스 디자인의 원리일 뿐 아니라 그 혼합현실을 대하는 대중의 태도를 지칭하는 이름이기도 하다. 철학자들이 굳이 가상과 실재를 구별하고 가상의 허구성을 폭로하려 해왔다면, 디지털 대중은 대상에 대한 존재론적 판단중지를 수행한다. 가상이 한갓 허구임을 알 때조차도 그들은 그것을 또 다른 현실로 간주하는 경향을 보인다.

사실 가상과 현실의 중첩은 역사이전prehistory의 현상이었다. 선사인의 의식에서는 가상과 현실이 인과관계로 서로 연결되어 있었다. 가상의 원인이 현실의 결과를 낳는다는 것이 바로 주술의 원리이기 때문이다. 역사시대history가 열리면서 사라졌던 이 선사의 상징형식이 디지털 기술형상의 형태로 되돌아온다. 하지만 선사인의 상상이 주술적 현상이었다면 우리의 상상은 어디까지나 기술적 현상이다. 그리하여 선사인의 상상이 그저 공상에 그쳤다면 우리의 상상은 기술에 힘입어 현실이 된다. 이것이 역사이전의 마술과는 구별되는 역사이후posthistory의 "기술적 마술"이다.

가상과 현실의 중첩은 디지털 이미지 자체의 특성이기도 하다. 어린 시절에 읽었던 강소천의 동화《꿈을 찍는 사진관》은 오늘날 기술적으로 실현되었다. 디지털 사진은 더는 그저 사진이 아니다. 디지털 테크놀로지는 상상의 사진을 제시할 수 있다. 그 속에서 현실의 기록과 상상의 표현은 하나가 된다. 컴퓨터그래픽은 피사체를 요구하지 않는다. 거기서는 사진의 본질적 특성으로 여겨졌던 지표성indexicality이 약화되거나 아예 사라진다. 그 결과 디지털의 기술형상은 이제 증거, 기록, 자료이기를 멈추고, 예술작품이 되어 미적 환상의 영역으로 날아오른다.

역사는 문자문화와 더불어 시작되었고 그 정점에서 역사주의 의식을 낳았다. 하지만 커뮤니케이션 매체가 문자에서 영상으로 바뀐 시대에는 과거의 계몽적·역사적 의식이 유지될 수 없다. 월터 옹의 말대로, "미디어는 의식을 재구조화"하기 때문이다. '역사의 종언'이나 '이데올로기의 종언'과 같은, 이른바 '포스트' 현상들이 대두하는 시기는 TV와 같은 전자매체, 특히 컴퓨터와 디지털 테크놀로지가 우리의 일상에 침투하는 시기와 일치한다. 이는 그저 우연의 일치가 아니리라. 영상의 시대에 역사history는 서사story와 중첩되는 경향을 보인다.

섬뜩한 아름다움, 언캐니의 세계

2권에서는 '언캐니'unconny라는 표제 아래 파타피지컬한 세계 속에서 인간이 갖게 되는 세계감정을 탐구한다. 플루서는 가상과 현실

11

이 구별할 수 없을 정도로 서로 접근할 때 "가상은 현실만큼 실재적이고, 현실은 가상만큼 으스스해질 것"이라 말한다. 디지털 가상에는 어딘가 섬뜩한unconny 특성이 있다. 실재도 아니고 가상도 아닌 이 유령 같은 존재가 발산하는 으스스한 느낌, 그것이 디지털 이미지 특유의 '푼크툼'punctum이다. 18세기에 '숭고'의 감정이 그랬던 것처럼, 디지털의 세계감정을 특징짓는 미적 범주는 '언캐니'라 할 수 있다.

　이 책에서 말하는 '디지털 이미지'는 그저 디지털 합성 이미지만을 가리키는 게 아니다. 비록 아날로그 방식으로 제작되었다 하더라도 디지털의 미적 전략을 따르는 회화와 사진은 모두 '디지털 시대의 이미지'로 간주한다. 사진이 등장한 이후의 회화가 더는 과거의 회화일 수 없듯이 디지털 이미지가 등장한 이후의 회화나 사진도 더는 과거의 회화나 사진일 수 없다. 뉴미디어가 자의식을 획득하면 올드미디어는 조만간 뉴미디어의 전략을 수용하게 된다. 그 결과 아날로그 이미지들 역시 디지털 사진의 특징인 언캐니 분위기를 갖게 된다.

　'디지털 이미지'가 그저 회화, 사진, CG 같은 재현영상만을 가리키는 것도 아니다. 플루서가 말하는 기술형상Techno-bild의 외연은 그보다 훨씬 넓다. 그는 복제 개 스너피도 합성 이미지의 범주에 집어넣는다. 그의 정의를 따라, 여기서는 픽셀은 물론이고 뉴런, 나노, DNA 같은 작은 미립자 수준의 분석과 합성을 통해 만들어진 사물이나 생물까지도 '디지털 이미지'로 간주할 것이다. 이런 종류의 이미지는 가상이 현실이 되는 "기술적 마술"을 글자 그대로 실현한다. 그런 의미에서 이들 이미지야말로 본격적 의미에서 언캐니한지도 모른다.

'포스트모던'의 문화, '포스트구조주의'의 철학과 디지털의 매체적 특성 사이에는 모종의 평행이 존재한다. 이는 '포스트'의 문화와 철학에 대한 메타적 연구가 필요함을 의미한다. 20세기 후반의 문화적·철학적 현상의 의미를 이해하려면, 포스트모던과 포스트구조주의의 담론에 매체이론의 관점에서 접근할 필요가 있다. 자칫 매체결정론에 빠질 위험이 있지만, 그 시도가 포스트 현상을 바라보는 새로운 시각을 열어준다. 결론을 선취하여 말하자면, 주체의 죽음, 역사의 종언 등 이른바 '포스트'의 현상들은 문자매체의 자기종언 선언으로 볼 수 있다.

이미 1950년대에 프랑스의 사유는 역사주의에서 구조주의로 전회를 시작한다. 이는 인문학의 패러다임마저 문자코드를 사용하는 선형적·역사적 의식이 숫자코드를 사용하는 체계적·공학적 의식으로 바뀌는 것을 의미한다. 뒤이어 포스트구조주의는 "텍스트의 바깥은 없다"(데리다)라고 선언했다. 텍스트 문화가 텍스트로는 세계와 인간을 더는 매개하지 못한다고 자인한 셈이다. 실패한 텍스트 대신에 등장한 매체가 바로 새로운 이미지, 즉 디지털 가상이다. 포스트 현상은 문자문화에서 새로운 영상문화로 이행하는 과정에서 발생한 과도기 현상이라 할 수 있다.

문자문화는 인쇄술이라는 기계복제의 태내에서 탄생하여, 윤전기라는 산업혁명 매체에 힘입어 전 사회로 확산될 수 있었다. 하지만 1950년대에 TV 같은 전자매체와 더불어 '정보혁명'의 시대가 열린다. 역사주의에서 구조주의로의 이러한 이행은 선형적 신호를 모니터 위에 공간적 매트릭스로 투사하는 TV의 원리를 닮았다. 전자매체는 아날로그에서 디지털로 진화를 완료함으로써 제 잠재성을 남김없이 발현하고 있다. 후기구조주의 사상가들은 자신들의 새

로운 사유와 이 새로운 물질적·기술적 토대 사이의 연관을 미처 의
식하지 못한 듯하다.

디지털 이미지의 미학

이 책의 목적 중 하나는 디지털 테크놀로지로 인한 미학적 패러다
임의 변화를 추적하는 것이다. 디지털 테크놀로지는 사회의 미감에
도 변화를 일으킨다. 벤야민의 〈기술복제시대의 예술작품〉(1934)은
사진술과 영화술에 기초한 모더니즘 미학의 강령이었다. 오늘날 영
상 제작의 기술적 조건은 크게 달라졌다. 따라서 변화한 기술적 조
건에 맞추어 벤야민의 논문을 고쳐 쓸 필요가 있다. 이 책의 35장
('디지털 합성 시대의 예술작품')에서는 모더니즘 예술을 이끌어왔던
창작 및 수용의 패러다임이 디지털 시대에 어떻게 변화·수정되고
있는지 추적한다.

　변화의 요체는 몽타주의 무기적unorganic 미학이 디지털 합성의
유기적organic 미학으로 돌아가는 데 있다. 모더니스트들은 이를 비
판하나, 이것이 단순히 고전주의 미학으로의 회귀를 의미하는 것은
아니다. 디지털 합성은 시각적 파편들을 균열의 흔적 없이 봉합한
다. 여기서 '유기적 총체성'이라는 고전예술의 미학과 '파편들의 조
립'이라는 모더니즘 미학이 묘한 종합을 이룬다. 디지털 사진은 사
진이 아니라, 성격이 전혀 다른 새로운 매체다. 모더니스트들의 오
해와 달리 디지털 합성의 '유기적' 미학은 디지털 매체의 특성에 정
확히 부합한다.

　이런 측면에서 접근하면 이른바 '모던'과 '포스트모던' 사이의
논쟁도 새로운 시각으로 조망할 수 있을 것이다. 모더니스트들은

디지털 영상에 여전히 사진과 영화의 미학을 적용하려 했다면, 포스트모더니스트들은 변화한 취향을 옹호하면서도 그 변화의 바탕에 깔린 물질적 토대의 변화와 그 변화의 의미를 제대로 의식하지는 못한 듯하다. 모더니즘의 몽타주 미학이 가상의 허구성을 폭로함으로써 '진리의지'Wille zur Wahrheit를 드러낸다면, 디지털 이미지는 진리가 사라진 시대의 허무에 창조의 기쁨으로 대항하는 "가상의지"Wille zum Schein를 대변한다.

이른바 포스트구조주의는 구조의 측면에서 근대적 '주체'를 해체시켰다. 그 대안을 찾으려는 시도가 없었던 것은 아니다. 우리는 후기의 푸코가 고대 그리스인의 '실존미학'에 영감을 받아 '자아'soi를 복원하려 했음을 알고 있다. 최근에는 미국의 비평가 할 포스터가 라캉 정신분석학의 영향 아래 근대의 영웅적 주체 자리에 주변화한 주체, 즉 상처받은 '외상적 주체'를 내세운 바 있다. 그것은 네오아방가르드의 '언캐니'한 이미지들에 대한 해석을 통해 역사적 아방가르드, 특히 초현실주의의 해방적 기획을 되살리려는 시도라 할 수 있다.

하지만 '혐오예술'을 비롯하여 네오아방가르드의 '언캐니'한 형상들은 1930년대 초현실주의의 그것만큼 전복적이지 못하다. 그것들은 외상적traumatic이라기보다는 차라리 유희적ludic으로 보이기 때문이다. 네오아방가르드는 이미 제도화했다. 어쩌면 포스트구조주의가 이미 해체한 '주체'를 정신분석의 의미에서 '외상적 주체'로 다시 세우려는 시도 자체가 이론적 관성인지도 모른다. 인간은 더는 '주체'subject가 아니다. 주체는 오래전에 해체되었다. 이 책에서는 플루서가 말한 '기획'project을 디지털 시대의 대안적 인간형으로 제시할 것이다.

이 책의 절반가량은 발간을 위해 새로 쓴 것이다. 나머지 절반은 지난 5～6년간 국내에서 열린 각종 포럼이나 심포지엄에서 행한 발표, 기업과 기관 혹은 예술가 단체에서 행한 강연, 그리고 여러 신문이나 잡지에 발표했던 원고다. 물론 기존에 발표했던 원고도 책으로 묶는 과정에서 대폭 수정하고 가필했다. 원래 독립적으로 쓰인 각각의 에세이들이 유기적 전체의 일부가 되게 하기 위함이다. 내 사유의 역사이기에, 초고가 발표된 장소와 시간도 따로 표기해둔다.

그동안 다양한 주제로 많은 책을 썼지만 그것들 모두를 관통하는 사유 전체를 체계화하고자 시도한 것은 이번이 처음이다. 상이한 계기에 따라 쓴 파편적 글들을 하나의 체계로 만들기 위해 그것들을 봉합선 없이 매끄럽게 잇는 작업이 필요했다. 그런 의미에서 이 책 자체가 디지털 합성사진 같은 방식으로 만들어졌다고 할 수 있다. 이 책에 결정적 기여를 한 것이 한국의 발달한 IT 인프라가 만들어낸 여러 사회적 사건이었다는 점을 빼놓을 수 없다. 그것들은 그 어떤 이론도 제공할 수 없는 귀중한 영감의 원천이었다.

이 책이 던지는 물음은 결국 '디지털 혹은 포스트디지털 시대의 인간이란 무엇인가?'이다. 오늘날 테크놀로지는 거의 자연사가 되어 이제 우리는 그것의 본성을 망각하고 살아간다. 특정한 기술을 사용할 때 우리는 미처 의식하지도 못하는 채로 그 기술의 창조자가 그것의 바탕에 깔아놓은 사유의 패러다임까지 받아들이게 된다. 특정 프로그램을 사용할 때 우리는 동시에 그 프로그램에 프로그래밍당하게 된다. 이 책의 목적은 독자를 그 존재망각의 상태에서 일깨워 한 번쯤 우리가 사용하는 기술의 본성을 철학적으로 성찰하는 기회를 제공하는 데 있다.

2012년 어느 날, 한창 이 책의 집필에 몰두하고 있을 때 가와
노 히로시川野洋(1925~2012) 선생이 작고하셨다는 소식을 들었다.
그는 컴퓨터가 아직 계산기로만 여겨지던 1960년대 초반 계산기로
이미지를 제작한 컴퓨터 예술의 선구자 가운데 한 분이다. 컴퓨터
가 대중을 진정한 사회주의 사회의 프로그래머로 만들어주기를 바
랐던 선생은 컴퓨터 산업이 대중을 IT 기기의 수동적 소비자로 만
드는 방향으로 발전하는 것을 비판하며, PC를 포함하여 일체의 디
지털 기기를 사용하지 않았다. 이 책을 최초의 컴퓨터 예술가이자
최후의 공산주의자에게 바친다.

2014년 4월 27일 풍기에서

5

실재의 위기

2권 차례

10

디지털 미학

#6

#7

#8

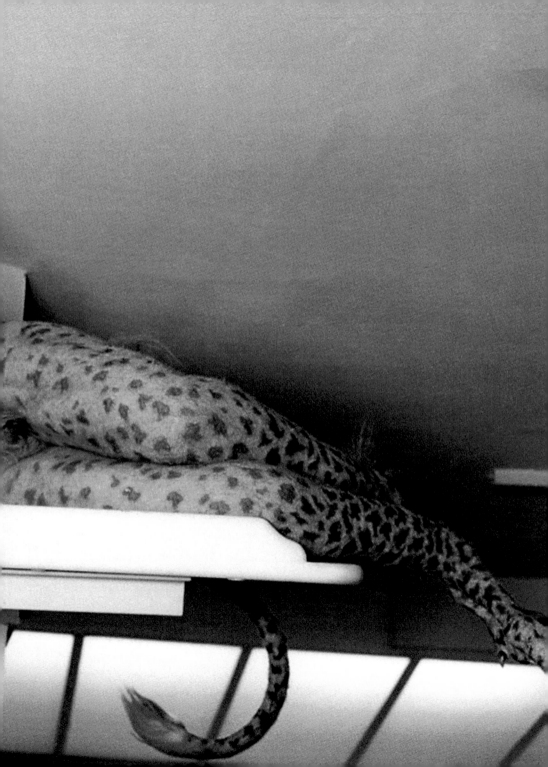

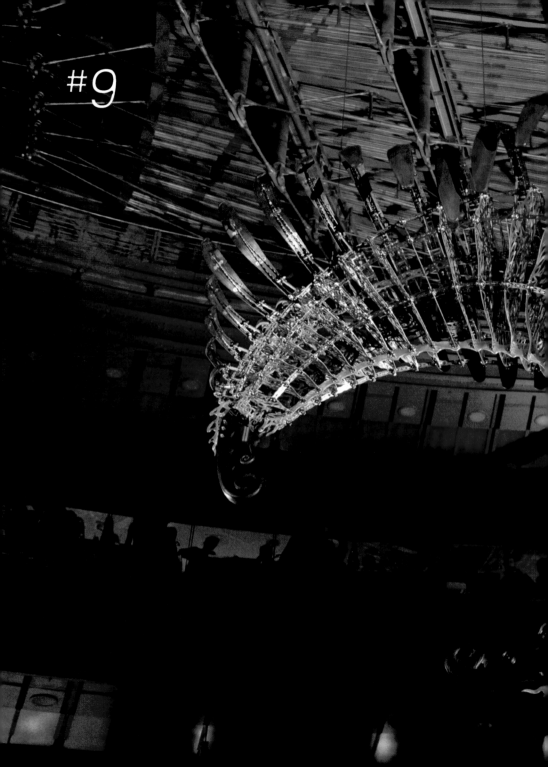

#9

#10

바르트에 따르면 사진의 가장 본질적 효과인 '푼크툼'은 피사체에서 비롯된
다. 하지만 디지털 이미지는 굳이 피사체를 요구하지 않기에 푼크툼을
가질 수 없어야 한다. 하지만 우리는 종종 피사체가 없는 디지털 이
미지가 푼크툼의 효과를 뿜어내는 것을 경험한다. 디지털 이미지
의 푼크툼은 어디에서 나오는가? 이 장에서는 디지털 사진에서
'푼크툼'의 개념을 구제하려는 여러 이론적 시도를 비판적으
로 검토한 후, 디지털 이미지의 푼크툼은 '아직 존재하지 않
는 것이 존재'하거나 '이미 존재하는 것이 실재적으로 더
강렬하게 존재하는' 인지적 부정합에서 나온다고 주장할
것이다.

6장 디지털 푼크툼

20

디지털 사진의 푼크툼

"그것이 오래된 매체든 새로운 매체든, 다른 매체들과의 관계를 고려하지 않고 사진이라는 매체를 이해하기는 전혀 불가능하다." 1964년 마샬 맥루언은 어디에선가 이렇게 말했다. 오늘날 사진을 이해하기 위해 고려해야 할 '다른 매체'는 아마도 디지털 기술일 것이다. 디지털 카메라가 등장함으로써 사진의 존재론에 본질적 변화가 생겼다. 그 변화는 '지표성의 상실'로 요약된다. 롤랑 바르트 Roldand Gérard Barthes(1915~1980)는《밝은 방》에서 사진의 본질을 지표성에서 찾았다. 사진의 지시대상은 "대물렌즈 앞에 놓이는 필연적으로 실재적인 사물"이며, "그것이 없이는 사진도 없으리라"는 것이다. 하지만 디지털 카메라는 이 사진의 존재론을 위협한다. 장 보드리야르 Jean Baudrillard(1929~2007)의 말대로 "사진은 사라짐의 순간을 보존하나 합성 이미지에서 실재는 이미 사라져" 있기 때문이다.

푼크툼의 위기

이로 인해 위기에 처한 것은 바르트가 사진의 본질로 제시한 '푼크툼'의 개념이다. 《카메라 루시다》에서 바르트가 내린 푼크툼의 정의를 다시 인용해보자. "이 자국, 이 상처들은 점이다. 스투디움을 방해하러 오는 이 두 번째 요소를 나는 푼크툼이라 부르겠다. 왜냐하면 그것은 찌름, 작은 구멍, 작은 반점, 작은 홈, 주사위 던지기이기 때문이다. 사진의 푼크툼은 그 자체가 나를 찌르는 (또한 나를 상처 입히고 괴롭히는) 우연이다."[1] 푼크툼은 "절대적 특수자", "최고의 우발성"으로서 발생하는 사건이다. 바르트에 따르면, 여기에는 크게 두 가지 근원이 있다.

첫째, 푼크툼은 사진사가 찍으려고 의도하지 않았던 디테일에서 온다. 찍히지 않을 수 없어서 찍힌 작은 점 하나가 스투디움의 장場을 전복한다. 둘째, 푼크툼은 잠시 존재했다가 사라지는 시간의 흐름에서 나오기도 한다. 그 예는 《카메라 루시다》의 텍스트 전체를 관통하지만 결코 책에 제시되지 않는 사진, 즉 자기 어머니의 어린 시절 사진이다. 바르트는 거기서 형언할 수 없는 아우라를 느낀다. 그 아우라는 "한편으로 그것은 거기에 없지만 다른 한편으로 그것은 정말로 거기에 있었다"라는 데서 나온다. 수전 손택Susan Sontag(1933~2004)도 비슷한 생각을 표명한다.

> 아름다운 피사체라면 (……) 더이상 존재하지 않는다는 이유로 애처로운 감정을 자아내는 대상이 될 수도 있다. 모든 사진은 메멘토 모리memento mori이다.[2]

이 두 가지 정의는 푼크툼이 결국 사진의 지표성과 관련됨을 보여준다. 사진 속의 디테일은 사진사가 그것을 찍으려고 의도했든 의도하지 않았든 거기에 있었으며, 사진 속의 역사적 인물들은 지금도 존재하든 더는 존재하지 않든 간에 그때 그 자리에 있었다. 솔 크립키Soul A. Kripke(1940~)의 고정지시사rigid designator처럼 바르트의 사진도 대상과 "탯줄"로 이어져 있다. 문제는 사진이 아날로그에서 디지털로 이동하면서 그 지표성이 사라졌다는 것이다. 그리하여 우리는 묻게 된다. '과연 디지털 사진에도 푼크툼이 존재하는가?'

푼크툼의 구제

푼크툼은 문제적 개념이다. 그것은 사진에 대한 내밀한 개인적 독해로부터 "절대적 특수자"로서 발생하기에 논리상 보편적 전달 가능성을 가질 수 없다. 바르트가 체험한 푼크툼은 한 사람의 사적 기억과 연결된 주관적 인상에 불과한지 모른다. 어쩌면 매우 사소한 것일 수도 있다. 또한 푼크툼은 의도하지 않은 디테일로부터 "최고의 우발성"으로서 발생하므로, 사진사들이 의식적으로 추구하는 미학적 목표가 될 수도 없다. 사진사가 그것을 의도했다면 그것은 이미 푼크툼이 아니기 때문이다. 정의에 따르면 푼크툼이란 "주사위 던지기"로 발생하는 절대적 우연이다.

　이 유아론적이고 향수적인 특성 때문에 《카메라 루시다》는 종종 사진의 '이론'으로서는 적합하지 않다는 비판에 노출된다. 실제로 이 텍스트의 성격은 사진 일반의 이론과 사적 추도사 사이를 오간다. 그리하여 어떤 이는 바르트가 언젠가 논문과 소설 사이에 존재하는 "제3의 형식"에 대해 언급한 바 있음을 상기시키며, 논문도 소설도 아닌 형식의 《카메라 루시다》가 이론적 원천으로서는 별 쓸모가 없다고 주장한다.[3] 다른 이는 "그의 모노그래피가 사진 그 자

체에 대한 설명으로서는 일관성이 거의 없으며, 사실상 인물들이
나 그들의 디테일 혹은 복장 등 제재에 함몰되어 있다"⁴라고 비판
한다.

이들과 달리 마이클 프리드Michael Fried(1939~)는 바르트의 텍
스트를 유용하게 활용한다. 그는 푼크툼의 두 정의를 사진사의 '의
도의 부재'로 해석한다. 먼저 사진사는 대상 전체를 찍으면서 동시
에 부분적 대상을 찍지 않을 수 없다("not not"). 푼크툼은 사진사가
보여주려고 의도하지 않은 디테일이 그냥 눈에 들어오는 것이다.
우리를 찌르는 그 '디테일'은 사진사들이 의도했다면 결코 푼크툼
이 될 수 없을 것이다. '시간의 흐름' 역시 촬영의 순간에는 사진사
를 포함하여 현장의 누구에게도 의식되지 않는다. 따라서 그 역시
의도될 수 없다는 것이다.

프리드는 이렇게 푼크툼의 두 정의를 '의도의 부재'로 묶어 그
것을 "반연극적 주장"antitheatrical claim으로 해석한다. 프리드가 의
뢰하는 클레멘트 그린버그Clement Greenberg(1909~1994)류의 '모더
니즘 비평'은 매체의 고유성을 강조한다. 회화가 회화이려면 연극
이 아닌 회화의 언어를 사용해야 하듯 사진이 사진이려면 연극처럼
의도적으로 연출되어서는 안 된다는 것이다. 이렇게 그는 푼크툼의
개념으로 자신의 모더니즘 교리를 재확인한다. 하지만 프리드 역시
디지털 사진은 푼크툼을 갖기 어렵다고 본다. 합성사진에는 의도되
지 않은 디테일이란 있을 수 없고, 어떤 경우에는 피사체 자체가 없
기 때문이다.⁵

디지털 사진의 푼크툼

여기서 우리는 갈림길에 서게 된다. 하나의 길은 '푼크툼'을 아날로 그 사진의 잔재로 간주하여 포기하는 것이다. 하지만 '푼크툼'이라는 개념은 그냥 버리기에는 너무 매혹적이다. 개념 자체가 마치 "절대적 특수자"처럼 강렬한 호소력을 지니기 때문이다. 게다가 몇몇 디지털 사진은 실제로 아날로그 사진 못지않게 강렬한 촉각적 효과를 낸다. 그렇다면 남은 길은 디지털 사진에까지 적용할 수 있도록 푼크툼 개념을 적절히 변형 내지 확대하는 것이리라. 실제로 이 길로 나아가 푼크툼 개념을 디지털 사진에까지 적용할 논리적 근거를 모색하는 사람도 있다.

제임스 엘킨스James Elkins(1955~)는 사진의 푼크툼이 '반연극성'('의도의 부재')에서 비롯된다는 프리드의 '수정'revision에는 동의한다. 하지만 디지털화가 푼크툼의 존립을 위협한다는 프리드의 주장에는 반대한다. 디지털화가 푼크툼을 위협하는 것은 결국 ①사진으로부터 지시체를 떨어뜨리고, ②부분을 전체로부터 떼어내기 때문인데, 엘킨스에 따르면 둘 중 어느 경우에도 푼크툼이 필연적으로 위협받지는 않는다. 왜냐하면 세부를 일일이 합성해 만든 사진에도 작가가 미처 의식하지 못한 더 작은 세부가 얼마든지 존재하고, 심지어 "완전히 디지털로 구축된 제재를 가진 사진에도 보는 이에게 발견되기를 기다리는 간과된 요소"가 있기 때문이다.

엘킨스는 "완전히 디지털로 구축된" 사진의 예로 '주사 터널링 현미경'STM과 '원자해상 주사 음향 터널링 현미경'SATM의 영상을 든다. 이 영상들은 사실 사진의 본질을 이루는 '빛'photo과는 아무

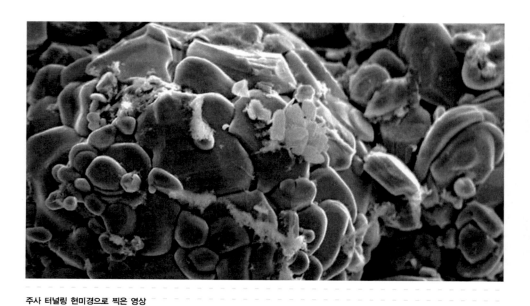

주사 터널링 현미경으로 찍은 영상

관계가 없다. 그것들은 대상의 재현이라기보다는 정보의 시각화, 즉 "두 진동 사이의 수학적 차이"에 불과하기 때문이다. 따라서 거기에는 "의미의 밀도나 보는 이가 예술과 연결시키고 싶어하는 정서적 환기의 힘이 없다." 하지만 엘킨스에 따르면 거기에도 푼크툼은 분명히 존재한다. 그것들 역시 "조작자들이 캡처하지 않을 수 없는 것들로 가득 차 있으며, 수많은 '사건들'과 민감한 점들로 뒤덮여" 있다.

　과학사진을 예로 든 데서 알 수 있듯이, 엘킨스가 받아들인 (수정된) 푼크툼의 개념은 바르트나 프리드의 것보다 외연이 넓다. 사실 바르트나 프리드가 말하는 푼크툼은 인물의 '응시'라는 전통적 아우라 체험에 가깝다. 그들이 푼크툼의 예로 제시하는 것은 주로 인물이나 일상을 담은 '버내큘러'vernacular 사진이다. 하지만 엘킨스에게 버내큘러는 "사진의 극히 일부", 그것도 "지적으로 가장 모험적이지 않은 일부"로서 "현대 사진의 가장 향수적인 계기"일 뿐이다. 그는 현대사진이 버내큘러에서 벗어나 "여러 종류의 과학적·기술적·실용적 이미지들"을 참조해야 한다고 주장한다.[6]

자극으로서 푼크툼

하지만 과학 사진에서 푼크툼을 찾는다는 말은 다소 이상하게 들리는데, 이 어색함은 수정된 푼크툼 개념에서 비롯된다. 이를테면 프리드가 수정하고 엘킨스가 받아들인 푼크툼은 결국 '반연극성', 즉 작가의 '의도의 부재'다. 푼크툼을 그렇게 규정할 경우 과학사진 역시 푼크툼을 가질 것이다. 거기에도 조작자들이 캡처하지 않을 수 없는("not not") 우연의 요소는 있기 때문이다. 하지만 이 경우 '푼크툼'이라는 말에 담긴 고유의 촉각적 효과는 배후로 밀려난다. 푼크툼의 개념이 매력적인 것은 그저 의도하지 않은 우연이기 때문이 아니라, "그 자체가 나를 찌르는 (또한 나를 상처 입히고 괴롭히는) 우연"이기 때문이다.

필립 뒤부아Philippe Dubois(1965~)에 따르면 사진은 이중적 의미에서 지표의 성격을 갖는다. 생성의 차원에서 보면 사진 자체가 사물에 반사된 빛이 감광물질에 반응하는 광학적·화학적 현상이며, 수용의 차원에서 볼 때 사진 효과의 본질이 관찰자를 찌르는 촉각적 작용에 있기 때문이다. 디지털화를 통해 사진의 광학적·화학적 성격은 사라지지만, 적어도 몇몇 디지털 사진에서 관찰자를 찌르는 촉각적 효과는 여전히 살아 있다. 문제는 이 독특한 효과가 어디서 비롯되는지 설명하는 것이다. 내가 보기에 디지털 사진의 푼크툼은 그것이 발산하는 '언캐니'한 분위기와 관련이 있다.

엘킨스는 '디테일'이라는 공간의 푼크툼에 주목한다. 하지만 정작 결정적인 것은 시간의 푼크툼이다. 심지어 바르트는 공간의 푼크툼, 즉 디테일을 두고 했던 이야기를 모두 "취소"하지 않았던가. 바르트에게 죽음은 "사진의 본질"이었다. 뒤부아 역시 사진을 "죽음의 기록"이라 불렀고, 조금 다른 맥락에서 손택도 사진을 "죽음의 기억"으로 규정했다. 바르트가《밝은 방》을 쓴 직접적 계기도 어머니의 죽음이었다. 그에게 사진은 무엇보다도 피사체에서 사출된 "유령"revenant, 즉 "죽은 자의 귀환"[7]이다. 결국 바르트의 푼크툼은 '이미 존재하지 않는 것이 존재하는 것'으로 체험되는 현상과 밀접하게 관련된다.

사실 디지털 사진에도 비슷한 인지적 부정합이 존재한다. 아날로그 사진에 '이미 존재하지 않는 것이 존재'한다면, 디지털 사진에는 '아직 존재하지 않는 것이 존재'하거나 '이미 존재하는 것이 실재보다 더 강렬하게 존재'한다. 이 존재의 부정합 역시 언캐니한 분위기를 발산할 수 있다. 엘킨스의 말대로 STM이나 SATM의 영상에도 정말 푼크툼이 있다면, 그 역시 '볼 수 없는 것이 보이는 것'으로 나타나는 현상, 말하자면 지각 불가능한 원자의 '모형'에 불과한 것이 마치 지각 가능한 대상의 생생한 '모상'처럼 제시되는 현상과 관련이 있을 것이다. 기술적 마법에도 유령 같은 분위기가 있다.

　　엘킨스는 '반연극성' 개념을 통해 아날로그 사진과 디지털 사진 모두 푼크툼을 갖는다고 확인해준다. 하지만 내가 보기에 두 사진의 푼크툼은 서로 구별된다. 이를테면 대상의 관점에서, 아날로그 푼크툼이 흘러간 과거와 관계한다면, 디지털 푼크툼은 강화된 현재나 도래할 미래와 관계한다. 또한 수용의 관점에서, 아날로그 사진의 언캐니가 상처를 준다면, 디지털 사진은 그 섬뜩함을 향유의 대상으로 제공한다. 한마디로 말해 아날로그 사진의 푼크툼이 향수적nostalgic이라면 디지털 사진의 푼크툼은 예견적anticipatory이며, 아날로그 사진의 언캐니가 외상적traumatic이라면 디지털 사진의 언캐니는 차라리 유희적ludic이다.

21

포토리얼리즘에서
합성리얼리즘으로

관객을 쏘아보는 사내는 빈센트 반 고흐. 이 네덜란드 화가의 자화상은 우리에게 널리 알려져 있지만, 그의 사진을 본 사람은 별로 없을 것이다. 고흐의 생전을 담은 사진이 딱 한 장 있으나 거기에 담긴 고흐의 얼굴은 우리가 아는 고흐가 아니라고 한다. 하긴, 우리는 고흐의 얼굴을 그의 자화상을 통해 안다. 작가 강형구는 이 자화상을 사진으로 바꾸어놓았다. 하지만 고흐는 생전에 저런 사진을 남긴 적이 없다. 담배 연기를 내뿜는 고흐의 이미지는 물론 작가가 상상해서 그린 그림일 게다. 그런데도 이미지가 마치 카메라로 촬영한 듯 생생하다. 혹시 이 세상 누구도 갖고 있지 않은 고흐의 사진을 작가 혼자 몰래 갖고 있는 것은 아닐까?

강형구, 〈푸른 고흐〉, 2006년

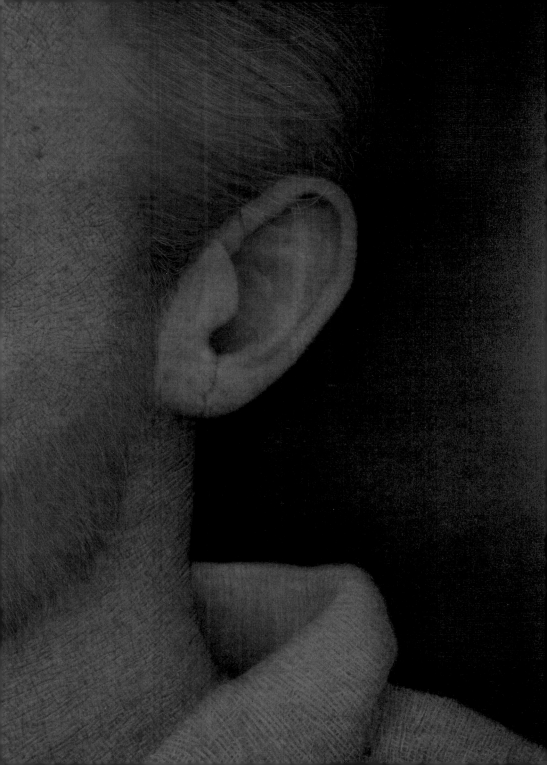

복제에서 합성으로

강형구의 작품에서 사람들은 흔히 '포토리얼리즘'을 본다. 하지만 강형구는 포토리얼리스트가 아니다. 비록 작가 자신이 척 클로스 Chuck Close(1940~)에게 기법상의 영향을 받았다고 인정하기는 하지만 그의 작업은 사진을 캔버스에 옮겨놓는 포토리얼리즘과 본질적으로 다르다. 거기에는 전사轉寫의 대상이 되는 사진이 아예 존재하지 않기 때문이다. 포토리얼리스트들은 사진의 필름을 캔버스 위에 투사하거나 사진에 촘촘한 그리드를 쳐서 캔버스 위로 정교하게 옮긴다. 그들의 작품은 광학적 혹은 기계적 방식으로 사진을 전사한 것이기에 작품에 앞서 미리 피사체가 존재한다. 하지만 아무리 포토리얼해 보여도 강형구의 이미지에는 피사체가 존재하지 않는다.

이것이 또한 작업방식의 차이를 낳는다. 앤디 워홀 Andy Warhol (1928~1987)은 실크스크린을 사용했다. 모든 것을 복제물로 만들어버리는 대량생산 체제 속에서 회화만은 오랫동안 예술가가 직접 손으로 만드는 장인적 제작을 고집해왔다. 여기에 복제기술을 도입함으로써 워홀은 '회화'라는 장인적 제작의 마지막 영역까지 대량생산의 영역에 편입시킨다. 팝아트의 후예로서 포토리얼리스트들 역시 작품 제작에 그리드나 슬라이드 프로젝션 같은 기계적 절차를 사용한다. 하지만 강형구의 이미지에는 지표성이 없다. 거기에는 증언해야 할 피사체도 전사해야 할 사진도 투사할 필름도 없다. 그리하여 그의 작업은 철저히 수공에 따른다.

그러나 사진을 방불케 하는 리얼리즘 효과를 내는 데는 붓이라는 회화적 도구만으로는 부족했다. 포토리얼리스트들은 보통 에어브러시를 사용했다. 에어브러시로 붓 터치를 없애면 이미지를 사진처럼 보이게 할 수 있다. 하지만 수공을 강조하는 강형구는 사진의 효과를 내기 위해 못, 드릴, 면봉, 이쑤시개, 지우개 등 온갖 비정규적 수단을 동원한다. 그의 리얼리즘은 철저히 장인적 방식으로 성취된다. 물론 극사실의 효과를 내는 데는 그냥 사진이나 필름을 전사하는 게 훨씬 쉽고 간편하다. 그런데 강형구는 기술복제의 방식을 사용할 경우 "작업의 존재이유가 사라질 것"이라고 잘라 말한다. 그는 애초 포토리얼리즘과는 다른 목표를 지향한 것이다.

포토리얼리스트들은 원작과 복제의 관계를 전복시킴으로써 사진이 현실보다 더 현실적인 세상을 증언한다. 하지만 강형구의 극사실주의는 다른 데 목표를 두고 있다. "존재하지 않는 것을 현실화하려면 극사실의 능력이 있어야 한다." 그의 눈은 이렇게 현실성이 아니라 잠재성, 개연성, 가능성의 지대를 향한다. 그의 목표는 존재하는 것을 다시 있게(=재현) 하는 게 아니라, 존재하지 않는 것을 비로소 존재하게 하는 것이다. 그의 작품은 현실을 열등하게 재현한 것도, 사진을 현실보다 더 현실적으로 묘사한 것도 아니다. 레프 마노비치Lev Manovich(1960~)가 컴퓨터그래픽CG에 대해 말한 것처럼, 그것은 그저 '다른 현실을 사실적으로 묘사'한 것이다.

"제가 극사실 기법을 동원하는 또 다른 이유는 현실에서 존재하지 않는 허구도, 사진으로 찍히지 않는 비현실도 실감나게 그려질 수 있다는 매력 때문입니다. 존재하지 않는 가상의 사람, 나의 미래의 모습, 사진이 존재하지 않았던 시절의 다빈치, 미켈

란젤로, 담배를 뿜어내는 반 고흐도 모두 극사실로 표현해넘으로써 사진으로 찍힐 수 없는 허구마저도 사진처럼 그려질 수 있는 특권을 즐기고 싶다는 것입니다. 그리고 그 점은 보고 느끼는 감상자에게도 허구의 엄숙 또는 상반되는 충격을 제시하기도 합니다. 따라서 나는 리얼리즘보다는 허구를 추구하는지도 모릅니다."[8]

디지털 이미지 합성

"사람들은 대개 알려진 인물의 모습을 사진으로 인식하는데, 나는 그렇게 알려진 얼굴을 그리지 않는다. 대신 그것을 파괴한다. 그리고 그렇게 파괴된 선들을 조립해 원형을 복원한다." 작가 강형구의 말이다. 바르트에 따르면, 사진은 곧 죽음을 의미한다. 살아 있는 것을 순간의 감옥에 가두어놓고 영원히 정지시키기 때문이다. 하지만 강형구는 사진을 파괴함으로써 피사체에 생명을 되돌려준다. 강형구가 창조한 '다른 현실' 속에서는 이미 죽은 먼로가 아직 살아 있는 사람들과 더불어 나이를 먹어간다. 오스카 와일드의 소설 《도리언 그레이의 초상》처럼, 현실의 먼로는 일찍 죽는 바람에 더 늙지 않지만 강형구가 그린 먼로의 초상은 살아서 늙어간다.

레오나르도 다빈치가 살던 시절에는 아직 사진이 없었다. 우리가 아는 다빈치의 얼굴은 (위작으로 의심되는) 그 유명한 소묘에서 비롯된다. 마치 타임머신을 타고 가서 다빈치의 사진을 찍어온 듯 강형구의 손끝에서 그 소묘는 우리 눈앞에 사진을 방불케 하는 생생함으로 되살아난다. 소묘와 사진 그리고 회화와 사진 사이에는 정보량의 차이가 존재한다. 따라서 소묘에 사진과 같은 해상도를 부여하려면 발굴된 화석의 골격으로 주라기 공룡의 외관을 재구성하듯이 부족한 정보를 상상력으로 채워넣어야 한다. 소묘를 사진으로 바꾸어놓기 위해 강형구는 길거리에서 노인들의 얼굴에 나타난 주름을 찍어, 마치 CG로 사진을 합성하듯 붓으로 그것을 다빈치의 얼굴 위에 옮겨놓는다.

링컨 대통령의 초상을 보자. 우리가 보는 링컨의 사진은 크기도 작고 색깔도 없으며, 무엇보다 해상도가 낮다. 하지만 강형구는 그것을 고해상의 대형 포맷으로 되살려낸다. 물론 원본이 되는 흑백사진은 그것으로 재생해야 할 이미지에 비하면 정보량이 극히 부족하다. 이 정보의 결핍을 메우기 위해 작가는 DVD를 빌려다 영화를 돌려 보다가 링컨과 비슷한 인상의 엑스트라를 발견하면, 그의 얼굴을 캡처해 고해상의 초상을 제작하는 데 썼다. 이는 소조小照와 드로잉으로 만든 프레임 위에 수많은 인물의 얼굴 사진을 스킨으로 입히는 키스 코팅엄의 방법을 연상시킨다. 차이가 있다면, 강형구는 이 모든 것을 컴퓨터 없이 손으로 해냈다는 점이다.

강형구는 아날로그 방식으로 컴퓨터그래픽 원리를 구현한다. 컴퓨터 기술에 힘입어 주라기의 공룡은 화석이라는 죽음의 상태에서 벗어나 우리 눈앞에서 살아 움직인다. 디지털 기술을 이용하면 한 인물의 유년기 모습이나 노년기 모습을 사진처럼 생생하게 제시할 수 있다. 포토샵 같은 소프트웨어로 여러 장의 사진을 합성해 하나의 장면을 연출하는 것은 오늘날 대중의 일상이 되었다. 강형구는 자신의 제작이 "잉크젯 프린트 방식"을 닮았다고 말한다. 이런 방식은 척 클로스 같은 포토리얼리스트들의 방식과는 구별된다. 이

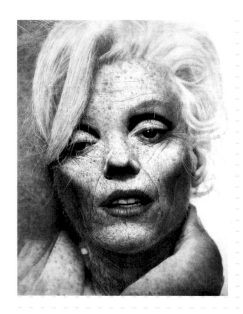

강형구, 〈먼로〉, 2004년

강형구, 〈윤두서〉,
2010년(왼쪽)

강형구, 〈윤두서〉,
2013년(오른쪽)

강형구, 〈링컨〉, 2006년

척 클로스, 〈자화상〉, 1968년

강형구, 〈책 속의 링컨〉, 2009년

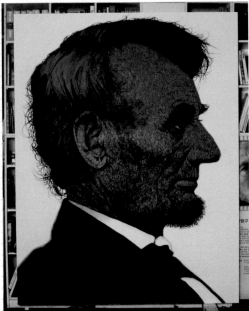

강형구, 〈링컨〉, 2009년

것을 굳이 리얼리즘이라고 불러야 한다면, 레프 마노비치를 따라 '합성사실주의'synthetic realism라 부르는 게 옳을 것이다.

회화, 사진, 컴퓨터그래픽

미디어는 지각의 방식을 결정한다. 19세기까지 대중은 세계를 회화적으로 지각했다. 그때 대중의 눈에 현실의 모든 것은 마치 한편의 그림처럼 시적 분위기에 감싸인 듯 보였다. 발터 벤야민은 이를 '아우라적 지각'이라 불렀다. 이어, 20세기의 시각문화를 대표하는 것은 포토와 시네마다. 회화는 피사체가 없어도 상상으로 그릴 수 있지만 사진은 피사체를 요구한다. 이 때문에 사진은 존재하지 않는 환상의 연출보다는 존재했던 사실의 기록에 더 적합하다. 사진이 이미지의 세계를 장악하자 회화적 지각은 이제 사진적 지각으로 교체된다. 벤야민은 이 현대적 지각의 특성을 '아우라의 파괴'라 부른다.

> 현대의 대중은 복제를 통하여 모든 사물의 일회적 성격을 극복하려는 성향을 가지고 있다. 대중은 바로 자기 옆에 있는 대상들을 이미지를 통하여, 아니 모사와 복제를 통하여 소유하고자 하는 간절한 욕망을 가지고 있는 것이다. (……) 대상을 그것을 감싸고 있는 껍질로부터 떼어내는 일, 다시 말해 분위기를 파괴하는 일은 현대의 지각작용이 갖고 있는 특징이다. 이 세상에 있는 상사相似적인 것에 대한 지각작용의 감각이 너무나 커졌기 때문에 지각작용은 복제를 통하여 일회적인 것으로부터도 상사적인 것을 찾아내고 있을 정도다.[9]

이렇게 유일물unikat보다 복제물duplikat을 선호하는 대중의 취향을 증언한 것이 바로 워홀이다. 다빈치의 원작을 실크스크린으로 복제한 그의 〈최후의 만찬〉은 "복제를 통하여 일회적인 것으로부터도 상사적인 것을 찾아"내는 현대인의 취향을 보여준다. 워홀은 원작과 복제의 전통적 관계를 뒤집어놓았다. 과거에는 사진이 회화를 복제했다면, 이제는 거꾸로 회화가 사진을 복제한다. 워홀의 작업은 현대인의 지각을 결정하는 매체가 더는 회화가 아닌 사진임을 보여준다. 이처럼 20세기에 사진이 현대인의 지각방식과 이미지 취향을 바꾸어놓았다면, 21세기의 컴퓨터그래픽 역시 그와 똑같은 역할을 하지 않을까?

강형구의 작업은 이 지점에서 출발한다. 워홀이 광고전단에 필요한 실크스크린을 뜨는 직공을 닮았다면, 강형구의 작업은 픽셀을 조작하여 디지털 영화의 화면을 만들어내는 엔지니어의 그것에 가깝다. 워홀이 복제에 대한 대중의 취향을 대변했다면, 강형구는 합성에 대한 대중의 새로운 취향을 대변한다. 워홀은 모든 대중이 자기처럼 실크스크린을 하기를 원했다. 하지만 오늘날 대중은 실크스크린으로 복제를 하는 대신 컴퓨터로 합성을 한다. 워홀이 보여준 것이 사진술과 인쇄술이라는 산업혁명의 이미지라면, 강형구가 제시하는 것은 컴퓨터그래픽이라는 정보혁명의 이미지다. 워홀이 복제의 취향을 증언한다면, 강형구는 합성의 취향을 예언한다.

아우라와 푼크툼

이 차이는 당연히 작품의 효과에서도 나타난다. 워홀은 범상한

ordinary 것을 비범하게extra-ordinary가 아니라 더 범상하게ordinary-ordinary 만든다. 그래서 그의 초상에서 우리는 아우라를 느낄 수가 없다. 만약 거기서 관객이 아우라를 느낀다면 그의 전략은 실패했음을 의미할 것이다. 강형구는 다르다. 그는 너무 많이 복제되어 평범해 보이는 얼굴들을 다시 비범하게 만든다. 그의 초상에는 아우라가 존재한다. 그 아우라는 물론 엄청나게 확대된 얼굴이 관객을 쏘아보듯 쳐다보는 그 강렬한 시선에서 나온다. 샤를 보들레르Charles Pierre Baudelaire(1821∼1867)에 관한 벤야민의 논문에는 아우라의 또 다른 정의가 등장한다. 여기서 벤야민은 그것을 '시선의 마주침'으로 정의한다.

> 아우라의 경험이란 인간사회에서 흔히 볼 수 있는 반응형식을, 무생물 내지 자연적 대상과 인간 사이에 존재하는 관계에 옮겨 놓는 데 있는 것이다. 우리가 시선을 주고 있는 자나 시선을 받고 있다고 느끼는 자는 우리에게 시선을 되돌려준다. 우리가 어떤 현상의 아우라를 경험한다는 것은 시선을 되돌려줄 수 있는 능력을 그 현상에 부여하는 것을 뜻한다.[10]

강형구가 캐리커처에 손을 댄 것은 언뜻 보기에는 전혀 어울리지 않는 일이다. 이 만화처럼 차가운 이미지들은 물론 자기목적을 가진 게 아니다. 그것은 인물의 특징을 포착하기 위한 습작이었다. 전혀 닮지 않게 그리면서도 닮게 그리는 것이 캐리커처의 특성. 그것은 현상의 복잡함 속에서 인물의 가장 본질적 특징을 잡아내는 데 도움을 준다. 600여 점의 습작을 통해 강형구가 알아낸 것은 한 인물의 인상을 결정하는 부위는 눈이라는 사실이었다. 포토리얼리즘이 차가운 외면성을 강조한다면, 강형구의 합성리얼리즘은 철저히 내면성을 지향한다. 그 내면성은 엄청나게 확대된 얼굴의 날카로운 눈을 통해 밖으로 뿜어져 나온다.

그 시선은 관객을 찌른다. 그 눈빛의 강렬함은 관객에게 따가운 느낌을 준다. "가시적인 장에서 대상 a는 응시다."[11] 그 시선은 라캉이 말한 거세공포의 표현으로서 대상 a의 '응시'만큼이나 위협적으로 느껴진다. 자크 라캉Jacques-Marie-Émile Lacan(1901~1981)에 따르면, 회화는 "응시-길들이기"다. 작가의 의도는 "항상 접하는 실물 크기의 얼굴의 평범함을 벗어나 평소 경험하지 못한 섬뜩한 충격을 제시하여 교감을 직접화"하는 데 있다고 한다. 시선이 발휘하는 강렬한 촉각적 효과, 그것을 통해 맺어지는 작품과 관객 사이의 내밀한 인격적 관계. 바르트의 개념을 회화에 적용해도 된다면, 강형구의 인물들이 주는 "섬뜩한 충격"이야말로 그의 작품이 갖는 '푼크툼'이라 할 수 있다.

사진의 푼크툼은 지표성에서, 실제로 존재했던 것에서 나온다. 하지만 강형구의 작품은 한갓 픽션에 불과하다. 그것은 없었던 것을 마치 있었던 것처럼 제시하는 거짓말이다. 지표성이 없는 이미지가 이렇게 푼크툼을 갖는 것은 '현실'의 정의가 달라졌기 때문일 게다. 워홀의 현실은 복제 이미지로 이루어진 피상적 현실이었다. 하지만 오늘날 현실은 그저 복제되는 데 그치지 않고 생성되거나 합성되고 있다. 현실은 자연적으로 주어지는 게 아니라 인공적으로 생성되고 합성된다. 그것이 디지털의 현실이다. 강형구의 작품이 보여주듯이 인공현실도 자연화하면 푼크툼을 가질 수 있다.

그래픽의 고유성

뉴미디어도 초기에는 올드미디어를 재매개하기 마련이다. 사진은 한때 회화의 전략을 차용했고, 영화도 한때는 연극의 문법을 사용했었다. 새 매체는 저 자신의 특성을 제대로 이해하기 전까지는 기존 매체의 관습에 따르기 마련이지만 어느 정도 시간이 흐르면 저만의 고유한 언어를 확립하게 된다. 디지털 이미지도 다르지 않다. 아직도 컴퓨터그래픽은 아날로그 사진과 구별되지 않는 이미지의 제작을 목표로 삼고 있다. 그 이미지가 사진과 구별되는 그만큼 CG는 아직 불완전한 것으로 여겨질 정도다. 하지만 디지털 이미지가 반드시 아날로그 사진을 닮아야 하는 것은 아니다.

척 클로스의 작품과 강형구의 작품을 비교해보면 동일한 극사실 기법에도 불구하고 뭔가 차이가 느껴질 것이다. 이 차이는 어디서 비롯되는 것일까? 이는 기량의 차이가 아니라 미학의 차이다. 클로스와 강형구의 작품은 애초에 작업모델로 삼는 이미지가 다르다. 클로스의 작품이 인화지 위의 사진 이미지를 닮으려 한다면, 강형구의 이미지는 모니터 위의 그래픽 이미지를 닮으려 하는 듯하다. 강형구가 추구하는 것은 포토리얼리즘이 아니다. 똑같이 극사실 기법을 사용해도 두 작품의 목표는 전혀 다르다.

강형구의 합성리얼리즘에서 회화와 사진은 하나로 종합된다. 그것은 '사진 같은 그림' 혹은 '그림 같은 사진', 아니 '그림이면서 동시에 사진'이다. 20세기 후반을 지배한 것이 카메라로 찍은 복제 이미지였다면, 21세기는 컴퓨터로 만든 합성 이미지가 주도할 것이다. 대중은 그저 디지털 합성이 아날로그 사진을 완벽히 재현해낼

날만을 기다리는 게 아니다. 그들은 벌써 아날로그 사진과 다른 디지털 이미지의 고유한 특성에 매료되고 있다. 강형구의 작품은 디지털 대중의 이 변화된 이미지 취향, 그들의 진화한 지각방식을 증언한다.

22

사진의 유령

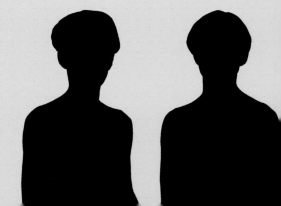

키스 코팅엄Keith Cottingham(1965~)의 작품은 사진 스튜디오에서 찍은 전형적인 초상처럼 보인다. 더블, 트리플로 반복되는 인물에는 어딘지 신비한 분위기가 있다. 얼굴은 여성적으로 느껴지지만 가슴은 남성의 것이다. 그리하여 이제 막 사내가 되기 시작한 소년 같기도 하고, 제2차 성징이 채 나타나지 않은 소녀 같기도 하다. 아니면 게이나 트랜스젠더일까? 이 성별의 불분명함asexual이 인물에 거부할 수 없는 매력을 준다. 인종 구별도 어렵다. 토종 미국인 같기도 하고, 라티노 같기도 하다. 게다가 프레임 밖으로 차갑고 건조한 시선을 던지는 그/그녀에게는 어떤 '아우라'가 있다. 바로 그 점이 우리를 당혹스럽게 만든다. 왜냐하면, 실은 저 사진에는 모델이 없기 때문이다.

허구적 초상들

이 작품은 제목 그대로 〈허구적 초상〉fictitious portraits(1992)이다. 이 초상은 해부학적 드로잉, 왁스를 이용한 소조, 작가 자신의 사진, 다양한 성별과 인종의 사진을, 컴퓨터 이미지 프로세싱 프로그램을 이용해 하나의 이미지로 합성한 것이다. 여기서 바르트의 말을 기억해보자. "그것은 거기에 없지만, 거기에 정말로 있었다."

키스 코팅엄, 〈싱글〉, 1992년,
아래는 작업과정이다.

키스 코팅엄, 〈더블〉, 1992년,
아래는 작업과정이다.

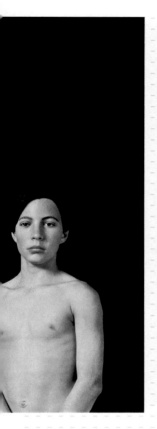

키스 코팅엄, 〈트리플〉, 1992년,
아래는 작업과정이다.

키스 코팅엄, 〈트리플〉, 1992년(부분 확대)

코팅엄은 바르트의 명제를 정확히 거꾸로 뒤집는다. "그것은 거기에 있지만, 실은 거기에 없었다." 바르트에 따르면 푼크툼은 '거기에 있었던 것'에서 나온다. 하지만 무슨 이유에선지 결코 존재한 적이 없는 저 인물의 이미지가 우리를 강렬하게 찌른다. 이 효과는 어디서 비롯되는 것일까?

바르트는 '사진의 유령'에 대해 이야기한다. "사진은 (……) 대상에 의해 사출된 환영이며, 나는 그것을 사진의 유령이라 부르고 싶다." 존재하지 않는 것의 환영이라는 의미에서 코팅엄의 인물 역시 유령이라 할 수 있을 것이다. 하지만 그것은 르브낭revenant, 즉 무덤에서 돌아온 사자가 아니다. 그/그녀는 현실에 살았던 적이 없고 죽은 적도 없기 때문이다. 마치 이승과 저승 어디에도 속하지 못하는 유령처럼, 코팅엄의 이미지들은 "사진의 결정성('taking' a picture)과 회화의 암시성('making' a picture) 사이의 어딘가"[12]를 떠돌며, "뭔가 미묘한, 어딘지 섬뜩한 아름다움horrifying beauty을 구현한 건조하고 조용한 현대적 아우라를 발산"한다.[13]

마노비치의 말대로 리얼리즘은 언제나 '사진의 리얼리즘'이어서 우리는 사진처럼 보이는 것을 '리얼'하다고 여긴다. 사진적 지각의 패러다임은 완고하여, 아직도 우리는 사진에 찍힌 것은 언젠가 현실에 존재했다고 생각한다. 그리하여 사진과 같은 리얼리즘을 구현한 이미지를 보면, 자연스레 그 지시체가 실재했다고 믿게 된다. 하지만 그/그녀는 한 번도 현실에 존재한 적이 없다. 물론 그 이미지는 수많은 인물사진을 합성한 것이므로 이미지를 이루는 부분들은 현실에 존재한 적이 있겠지만, 하나의 통일된 인격으로 그/그녀는 현실에 존재한 적이 없다. 거기에 푼크툼이 있다면 그것은 우연히 '발견'된 것이 아니라 의도적으로 '제작'된 것이다.

과거의 재(再)목적화

연작 〈재목적화된 역사〉history repurposed(1992)에서 코팅엄은 눈을 현재에서 과거로 돌린다. 이 연작 이미지들의 경우에도 그 해부학적 구조는 작가의 손작업, 즉 드로잉에 기초한다. 거기에 작가는 수많은 사람의 사진에서 얻은 피부를 입혔다. 연작은 흑백의 이미지들로 이루어지는데, 언뜻 보면 역사적 사진들, 즉 19세기에 식민주의자들이 즐겨 촬영하던 인류학적 사진 같다. 하지만 자세히 살펴보면 그 안에는 정합성과 시대착오가 들어 있다. 이 디테일들을 발견함으로써 관객은 불현듯 사진 전체가 허구라는 사실을 깨닫게 된다. 매우 정교하고 교묘하게 계산된 전략이다.

사소한 디테일이 이미지 전체의 의미를 전복시킨다는 점에서 코팅엄의 수법은 푼크툼 효과를 연상시킨다. 바르트가 푼크툼을 가리켜 "스투디움을 방해하러 오는 이 두 번째 요소"라 했던 것을 기억해보라. 푼크툼은 이미지 전체의 해석을 전복시키는 디테일이다. 하지만 유사성은 여기서 멈춘다. 이 두 경우에서 '디테일'은 전혀 다른 특성을 갖기 때문이다. 코팅엄의 이미지 속에서 스투디움을 방해하는 그 디테일들은 '거기에 있었던 것'이 아니라, 작가가 프로그램으로 합성해낸 것이다. 거기에 '우연히' 섞여 들어간 것도 아니다. 철저하게 작가의 계산에 따라 '고의로' 배치된 것이다.

문자의 발명은 역사시대를 열었다. 하지만 오늘날 문자는 영상으로 대체되고 있다. 손택은 말한다. "말라르메는 이 세상의 모든 것은 결국 책에 쓰이기 위해서 존재한다고 말했지만, 오늘날에는 모든 것이 결국 사진에 찍히기 위해 존재하게 되었다."[14] 이에 앞서 백남준 역시 자신의 예술적 신앙고백을 담은 글에서 역사의 종언을 선언한 바 있다. "우리의 사건이 말해지고 쓰이기 때문에 '역사'란 단어가 존재한다. 현재 역사는 영상이나 비디오로 기록된다. 그러므로 지금부터는 역사란 없으며 영상물imagery과 비디오물videory만이 존재한다."[15]

'재목적화'repurpose란 기존의 콘텐츠를 새로운 매체에 담는 것을 의미한다. 이를테면 도서관에 저장된 텍스트를 전자정보로 변환하는 작업을 생각해보라. 역사적 사진은 아날로그 사진이었다. 이 콘텐츠를 디지털로 변환할 때, 역사는 그냥 '거기에 있었던 것'이 아니라 다양한 목적에 따라 생성되고 합성된다. '재목적화된 역사'는 이렇게 이른바 역사이후posthistoire의 시대에 인간들이 역사를 불러내는 방식을 보여준다. 더는 과거와 같은 '역사주의 의식'이 가능하지 않다. 디지털이 과거를 재목적화할 때 역사는 서사와, 사실은 허구와, 현실은 가상과 뒤섞인다.

미래의 선(先)목적화

이어서 코팅엄은 눈을 미래로 돌린다. 그가 제시하는 건물의 내부는 매우 사실적이다. 하지만 실은 그 어디에도 존재하지 않는 곳의 사진이다. 여기서도 건축적 구조와 인테리어는 작가가 직접 그린 드로잉, 작가가 직접 만든 왁스 조각, 거기에 컴퓨터 화상처리 기술을 결합해 빚은 것이다. 앞으로 지어질 건축물을 미리 보여주는 이

브루넬레스키의 피렌체 산토 스피리토 성당   키스 코팅엄, 〈다크 룸〉, 2004년
드로잉

미지는 물론 과거에도 있었다. 이를테면 원근법 자체가 원래는 주
문자에게 앞으로 지어질 건축의 모습을 보여주기 위해 개발된 기술
이었다. 건축공사장에는 앞으로 지어질 건축의 모습을 미리 보여주
는 입간판이 세워져 있다. 하지만 그것들은 사진의 생생함을 갖고
있지 않았다.

　　'선목적화된 미래'(2004)는 디지털 이미지의 리얼리즘이 "현실
의 열등한 재현이 아니라, 미래의 사실적 재현"이라는 마노비치의
명제를 연상시킨다. 디지털 테크놀로지는 리얼리즘의 준거를 '과
거'에서 '미래'로 옮겨놓았다. 디지털 시대의 현실은 미리 주어진
채('datum')로 카메라를 기다리지 않는다. 어느새 현실은 카메라와
더불어 구성되고 합성되고 생성되는 어떤 것, 즉 만들어지는 것
('factum')으로 여겨지고 있다. 디지털 이미지는 이미 존재하는 것의
뒤늦은 재현representation이 아니라, 아직 존재하지 않는 것의 선제
적 현시presentation다.

바르트의 시각에서 보면 '디지털 푼크툼'이라는 표현 자체가 형용모순일 것이다. 코팅엄의 작품이 우리를 당혹스럽게 만드는 것은 그 때문이다. 그 어디에도 없는 장소, 이제까지 없었던 시간, 존재하지 않는 인물의 사진은 푼크툼 효과를 구성하는 요소(피사체)를 절대적으로 부정한다. 그럼에도 불구하고 코팅엄의 이미지들에는 우리를 엄습하는 날카로운 효과가 존재한다. 그것은 어디서 비롯되는가? 아니, 이 느낌은 그저 우리의 착각에 불과한지도 모른다. 푼크툼이 성립할 근거가 사라진 곳에서 푼크툼의 효과를 말한다는 것은 논리적으로 난센스이기 때문이다.

하지만 '현실'에 대한 낡은 관념을 고집할 필요는 없다. 피사체가 사라진 코팅엄의 작품에서 우리가 푼크툼을 느끼는 것은, 디지털 테크놀로지와 더불어 현실의 정의 자체가 바뀌었기 때문일 것이다. 사진의 본질이 푼크툼 효과에 있는 한, 사진사들은 변화한 존재론에 맞추어 카메라와 피사체의 관계를 새로이 정의해야 한다. 카메라의 렌즈도 더는 '현실적인 것'을 겨누지 않는다. 가상화한 카메라는 실현되지는 않았지만 실현될 수 있거나, 있었거나, 있을 것을 겨냥한다. '가상적'virtual이란 말은 이제 '가짜'를 의미하지 않는다. 그것은 실현될 수 있는 것, 즉 잠재성latency을 의미한다. 디지털의 본질은 잠재적인 것의 탐색에 있다.

자아의 해체

세계가 주어진 것에서 만들어진 것으로 변해갈 때 자아 역시 주어지는 것이 아니라 만들어지는 것으로 변할 수밖에 없다. 예를 들어

'사진적 자아'에 관한 바르트의 말을 인용해보자.

나의 '자아'는 결코 나의 이미지와 일치하지 않는다. 왜냐하면
이미지는 무겁고 움직이지 않으며 완고하지만(바로 이러한 이유
때문에 사회는 이미지에 의지한다), '자아'는 가볍고 분열되며 흩어
지고, 마치 잠수하는 인형처럼 내 어항 속에서 나를 흔들며, 한
복판에 머무르지 않는다.[16]

흥미로운 것은 바르트가 현실의 자아를 유동적인 것으로 바라
보고 있다는 점이다. 그에게 현실의 '자아'는 "가볍고 분열되며 흩
어지"지만, 사진은 "무겁고 움직이지 않으며 완고"하다. 그래서 사
회는 개인의 정체성identity을 확인하는 데 사진에 의존한다는 것이
다. 사진은 순간을 동결시켜 인간을 이집트의 파라오처럼 영원불변
하는 존재로 바꾸어놓는다. 이렇게 바르트는 사진의 고정성과 불변
성을 주장한다. 하지만 코팅엄은 사진에서 지시체를 사라지게 함으
로써 바르트가 사진적 재현의 본질로 여기는 바로 그 측면을 동요
시킨다.

"사진적 재현을 불안정하게 함으로써 이 연작은 자아가 내면의
대화로만 생성되는 게 아니라는 것을 보여준다. 개인성personhood
의 핵심은 바로 신체에 달려 있다. 사실 우리는 우리의 인종이며
성별이며 연령이다. 하지만 자아는 또한 유동적이어서 변화할
수 있기 때문에, 우리는 외적 속성으로 환원될 수 있는 게 아니
다. 나는 마치 내적 현실과 외적 현실이 그 위에 신체를 기입하

는 뫼비우스의 띠처럼 정체성의 유동성을 얻어내려 한다. 육체와 영혼은 동전의 양면으로, 이 동전이 너무나 오래 유통되는 바람에 그것이 인간적으로 제작된(=조작된) 본성을 갖는다는 사실은 잊혔다."[17]

바르트의 자아가 사진을 통해 응결되고 고정된다면, 수많은 인물의 합성으로 구축되는 코팅엄의 사진 속에서 자아는 가변적이고 가소可塑적인(주물러서 만들 수 있는) 것으로 제시된다. 바르트의 사진이 정체성을 고정시킨다면, 코팅엄의 사진은 그것을 유동시킨다. 그가 추구하는 것은 자아의 혼합성heterocity이다. 어떤 면에서 코팅엄의 작업은 경찰들이 만드는 몽타주 사진을 닮았다. 다만 몽타주 사진은 닮음의 희미한 기억을 통해 집요하게 지시체(범인)를 추적하나 코팅엄의 사진에는 애초 지시체가 없을 뿐이다.

바르트와 코팅엄의 대립은 고유명사에 관한 크립키와 비트겐슈타인Ludwig Josef Johann Wittgenstein(1889~1951)의 대립을 연상시킨다. 비트겐슈타인에 따르면, 고유명사란 기술어구의 다발에 불과하다. 즉 '모세'라는 고유명사의 의미는 '물에서 건진 아이', '호렙산에서 신을 벗은 목동', '이스라엘 민족을 애굽에서 구한 지도자' 등 기술어구들의 종합에 불과하다. 만약 모세라는 인물이 성경에 기술된 것과 다른 삶을 살았다면 '모세'라는 말의 의미도 달라졌을 것이다.[18] 반면 크립키는 고유명사를 고정지시사로 본다. 즉 일단 아이가 모세란 이름을 부여받은 이상 설사 그가 훗날 이스라엘 민족을 구하지 않았다 해도 여전히 '모세'는 그 아이를 가리킨다는 것이다.[19]

한 인물이 이름을 갖게 되는 순간 이름과 그 인물은 필연적으로 연결된다는 크립키의 이론은 사진과 인물이 탯줄로 묶여 있다는 바르트의 언급을 연상시킨다. 반면 '기술어구가 변화하면 이름의 의미도 변한다'는 비트겐슈타인의 고유명사론은 자아가 유동적이라는 키스 코팅엄의 생각과 유사하다. 이렇게 자아와 정체성의 개념을 유동적인 것으로 흔들어놓는 것은 물론 '주체의 해체'라는 포스트모던의 기획과 상통하는 면이 있다. 키스 코팅엄이 말하려는 것은 자아 혹은 정체성이라는 것이 제작된(조작된) 본성을 갖는다는 점, 즉 인간마저 이제는 주어지는 것datum이 아니라 제작되는 것factum으로 바라봐야 한다는 점이다.

피사체가 존재하지 않더라도 키스 코팅엄의 인물에는 '섬뜩한 아름다움'이 있다. 합성과 생성을 통해 만들어낸 이 강렬한 효과를 뭐라 불러야 할까? '새로운' 푼크툼이라 불러야 할까? 아니면 '조작된' 푼크툼이라 불러야 할까? '조작'이라는 말은 그것이 가짜에 불과하다는 부정적 뉘앙스를 담고 있다. 하지만 오늘날 '조작'은—그것이 유전자 조작이든, 픽셀의 조작이든, 뉴런의 조작이든, 미립자의 조작이든—아예 현실이 존재하는 방식이 되어버렸다. 그러므로 이미지의 합성과 생성으로 연출하는 촉각적 효과를 우리는 과거와 달라진 현실이 낳은 '새로운' 유형의 푼크툼이라 부를 수도 있을 것이다. 사진의 객체는 이제 피사체가 아니다. 차라리 투사체다.

23

합성되는 자아

꿈속에서는 하나의 인물에 종종 여러 인격이 중첩되곤 한다. 오늘날 우리는 모핑Morphing 기술을 이용해 꿈의 바깥에서도 하나의 인물에 여러 개의 인격을 겹쳐놓을 수 있다. 디지털 이미지 프로세싱은 우리를 실재계에서 상상계로 이동시키는 '꿈의 제작학'이라 할 수 있다. 디지털은 사진의 본성을 바꾸어놓았다. 아날로그 사진이 개별자의 정체성을 고정시키려 한다면, 디지털 사진은 인간의 '정체성'마저 자유로이 합성할 수 있는 것으로 표상한다. CG의 사실주의는 레프 마노비치의 말대로 포토리얼리즘이 아니라 합성리얼리즘이다. 이와 마찬가지로 디지털 시대의 자아는 포착된 정체성이 아니라 합성된 정체성으로 존재한다. 이는 특히 몇몇 작가의 복합초상에서 잘 나타난다.

합성된 정체성

미국의 작가 낸시 버슨Nancy Burson(1948~)은 1970년대 후반부터 MIT의 몇몇 프로그래머와 함께 비디오 기술을 이용해 사진을 컴퓨터에 입력하는 작업을 해왔다. 컴퓨터에 입력된 사진은 적절한 조작을 거쳐 나이를 먹게 된다. 이런 방식으로 그녀는 미아를 찾는 가족들에게 오래전 실종된 자신들의 아이가 현재 어떤 모습일지 보여

낸시 버슨, 〈첫 번째와 두 번째 복합미녀〉, 1982년

줄 수 있었다. 여기에 필요한 변형의 알고리즘을 만들어내기 위해
버슨은 인간의 얼굴이 일반적으로 나이와 더불어 어떻게 변하는지
관찰하는 한편, 아이들이 나이를 먹으면서 제 부모를 닮아가는 패
턴을 연구했다. 그런 절차를 거쳐 완성된 사진은 물론 현실성이 아
니라 가능성 혹은 잠재성의 세계를 보여준다.

　　1980년대 초반 낸시 버슨은 비디오그래픽을 이용한 컴퓨터 조
작으로 두 장의 합성 이미지 〈첫 번째와 두 번째 복합미녀〉(1982)를
만들어냈다. 첫 번째 복합미녀는 베티 데이비스, 오드리 헵번, 그레
이스 켈리, 소피아 로렌, 마릴린 먼로 등 1950년대 미녀들의 얼굴을
합성한 것이고, 두 번째 복합미녀는 제인 폰다, 재클린 비셋, 다

이앤 키튼, 브룩 실즈, 메릴 스트립 등 1980년대 미녀들의 얼굴을 중첩한 것이다. 물론 어느 쪽이나 현실에는 존재하지 않는 인물의 얼굴이다. 다섯 명의 미녀를 합성한 것은 하나의 여신상을 만들기 위해 다섯 여인을 모델로 삼았다는 피디아스의 일화를 연상시킨다. 이 두 장의 사진은 1950년대와 1980년대의 미의 이상이 어떻게 다른지 보여준다.[20]

〈빅 브라더〉(1983)에서 버슨은 스탈린, 무솔리니, 마오쩌둥, 히틀러, 호메이니를 하나로 합성한 복합초상을 통해 전체주의적 지도자의 관상학을 보여준다. 이어서 발표한 〈인류〉(1983~1984)는 지구상에 존재하는 모든 인간의 평균적 초상이다. 이 사진 속 인물은 정확히 지구상의 인종 분포에 따라 동양인 57퍼센트, 백인 36퍼센트, 흑인 7퍼센트의 비율로 합성된 것이다. 버슨의 이런 작업은 벤야민이 아우구스트 잔더의 사진을 두고 했던 이야기를 연상시킨다. 전통적 초상사진을 파괴한 잔더의 작품처럼, 버슨의 사진 역시 "더이상 초상화라고 할 수 없는 성질의 것이다. (……) 그것은 일종의 사회학적인 인상학적 지리부도인 것이다."[21]

빌렘 플루서Vilém Flusser(1920~1991)는 버슨의 복합초상을 '키메라'라고 부른다. 디지털 기술은 신화 속 키메라를 다시 불러냈지만, 그것이 그저 신화의 시대로 퇴행하는 것을 의미하지는 않는다. 이를테면 신화 속 키메라는 콜라주에 불과하기에 칼을 대면 사자의 머리, 염소의 몸통, 뱀의 꼬리로 나눌 수 있지만 디지털의 키메라, 이를테면 〈빅 브라더〉는 아무리 칼을 대도 거기서 히틀러나 무솔리니가 떨어져 나오지 않는다. 플루서에 따르면 오늘날 키메라적 사고방식은 두 경향으로 발전하고 있다. 양과 염소의 유전

자를 합성해 만든 지프Geep가 바이오테크닉 버전의 키메라라면, 비
트bits를 합성해 만든 버슨의 복합초상들은 텔레마틱 버전의 키메
라다.[22]

우리들의 얼굴

기타노 켄北野謙(1968~)은 1999년 이래로 '우리의 얼굴'이란 명칭의
프로젝트를 진행해왔다. 이 작업은 특정한 지역을 방문해 그곳에
사는 다양한 사람들을 35밀리미터 필름에 담는 것으로 이루어진다.
작업장에서 일하는 사람들, 학교에서 공부하는 학생들, 운동하는
선수들, 전통적 행사의 참여자들, 종교의식을 치르는 사람 등 다양
한 연령과 성별을 가진 3141명의 인물들이 카메라 앞에 섰다. 일본
에서 시작된 이 프로젝트는 2008년부터 아시아를 거쳐 세계로 확
장되었다. 작가는 이 프로젝트를 "국제화의 시대에 세계를 지역성
의 집적으로 포착하려는 시도"로 규정한다. "세계에 중심은 없다.
세계는 수많은 지역의 집적에 의해 성립하는 것이라고 나는 표상한
다."[23]

    촬영된 이미지들은 인화 과정에서 차례로 중첩된다. 이렇게 이
미지 위에 계속 이미지를 겹쳐나가면, 어느 순간 어스름 속에 불현
듯 그 모든 인물에 공통적인 얼굴과 신체가 나타난다. 여기서 출현
하는 유령 같은 얼굴은 특정 커뮤니티 성원들의 집단초상이라 할
수 있다. 작업의 콘셉트는 디지털적이지만 모핑은 놀랍게도 네거티
브 필름을 일일이 손으로 겹쳐놓는 아날로그 방식으로 이루어진다.
이 기법은 모순적 효과를 낸다. 즉 여기서 인간의 신체는 일시적이

기타노 켄, 〈일본에 사는 3141명의 메티초상〉, 2004년

면서도 항구적인 것으로 나타난다. 개개의 신체들이 사라지면서 보편적 신체 속에 흔적을 남기기 때문이다. 여기서 피사체는 존재하지 않지만 그렇다고 존재하지 않는 것도 아니다.

기타노 켄의 프로젝트는 1930년대 독일사회를 다양한 계급계층의 집적으로 포착하려 했던 잔더의 작업을 연상시킨다. 잔더의 사진은 "농부를 위시한 땅에 매인 사람들에서 시작해서, 위로는 가장 높은 문명의 대표자들로부터 아래로는 백치에 이르는 온갖 계층과 온갖 직종을 보여준다." 잔더의 유형학적 사진은 전통적 의미의 초상이 아니다. 그의 인물들은 한 계급 혹은 한 계층의 대표자로서 강력하게 전형화되어 있다. 하지만 그럼에도 불구하고 사진 속 인물들은 여전히 자신의 개별성을 유지한다. 기타노 켄은 다르다. 그의 사진에서 개별자들은 에테르처럼 사라지면서 식별할 수 없는 흔적으로만 남는다.

저 사진에는 모종의 푼크툼이 존재한다. 그 효과는 어디서 나올까? 아마 '우리의 얼굴'our face이 단수로 표기되어 있는 것과 관련될 터이다. 잔더의 인물들이 게오르크 루카치가 말하는 '전형'Typus, 즉 보편성을 띤 개인이라면, 켄의 인물들은 테오도어 아도르노 Theodor L. VV. Adorno(1903~1969)가 말하는 '현현'apparition, 즉 개별자의 몸으로 출현하는 보편자에 가깝다. 카메라로 찍을 수 있는 것은 오직 사물의 개별적 '존재'뿐, 사물의 보편적 '개념'은 카메라로 담을 수 있는 게 아니다. 이를테면 단풍잎, 은행잎, 솔잎 모두의 공통적 상을 떠올려보라. 하지만 켄의 암실에서는 이 이데아에나 속할 보편자가 불현듯 개별자로 현상한다. 이 출현은 거의 공포영화 수준의 섬뜩함을 준다.

초상의 죽음

사실 이런 부류의 사진은 전통적 초상보다는 정보의 시각화에 가깝다. 이를테면 〈전쟁 머리 I〉(1982)에서 버슨은 레이건 55퍼센트, 브레즈네프 45퍼센트, 그리고 대처, 미테랑, 덩샤오핑을 각각 1퍼센트 이하로 합성했다. 그렇게 얻어진 얼굴의 정체는 특정 인물을 재현한 것이 아니라 각국의 핵탄두 보유량을 시각화한 것에 불과하다. 1993년《타임》지는 가을 특별호 표지를 "미국의 새 얼굴"로 장식했다. 사진 속 여인은 앵글로색슨족(15퍼센트), 중동인(17.5퍼센트), 아프리카인(17.5퍼센트), 아시아인(7.5퍼센트), 남유럽인(35퍼센트), 히스패닉(7.5퍼센트)을 합성한 가상의 존재다. 이 사진 역시 인물의 초상이 아니라 정보의 초상, 즉 미국의 인종 분포를 시각화한 자료라 할 수 있다. 켄의 작품도 이들과 크게 다르지 않다.

흔히 초상은 '영혼을 들여다보는 거울'이라 하지만 디지털 사진에는 이처럼 영혼이 존재하지 않는다. 디지털은 '주체의 죽음'이라는 포스트모던의 주제를 '초상의 죽음'으로 변형시켰다. 언젠가 이를 주제로 전시회(〈얼굴에 관하여: 사진과 초상의 죽음〉, 2004)가 열리기도 했다. "외모를 통한 내적 자아의 표현이라는 초상의 개념은 아직도 유효한가? 아직도 '고정된 정체성'에 대해 이야기할 수 있는가?" 동일성identity 없이는 정체성identity도 있을 수 없다. 하지만 성형 이전과 이후를 비교한 사진은 종종 같은 인물이라고 믿을 수 없을 정도로 다르다. 오늘날 디지털 조작 외에 유전공학, 미용성형, 스테로이드 약물 등도 초상의 살해에 공모하고 있다.

어떤 눈에는 디지털 합성으로 초상을 구현하려는 시도가 결코

크리스 돌리 브라운, 〈2000명의 얼굴〉, 2000년

실현될 수 없는 탄탈루스의 욕망으로 보이는 모양이다. "그 어떤 이론적 · 기술적 분석도 얼굴의 무한히 세밀한 뉘앙스까지 포착할 수 있는 인간의 지각 시스템에 금방 따라잡히고 만다."[24] 하지만 디지털 초상을 굳이 아날로그 초상의 기준으로 평가할 필요는 없다. 둘은 전혀 다른 세계이기 때문이다. 아날로그 초상이 현존하는 것의 재현representation이라면, 디지털 초상은 잠재적인 것의 현전pre-sentation이다. 아날로그 초상이 현재를 방부 처리하여 과거로 보낸다면, 디지털 초상은 미래를 포획하여 현재로 데려온다.

디지털 초상에는 아날로그 초상과 구별되는 고유의 미학이 있을 것이다. 크리스 돌리 브라운Chris Dorley-Brown(1964~)의 작품은 이를 잘 보여준다. 그는 하버힐 타운으로부터 2000년 밀레니엄 기념으로 상이한 연령과 성별을 가진 거주자 2000명의 사진을 찍은 후 그것들을 컴퓨터로 합성하여 하나의 초상을 만들어냈다(《2000명의 얼굴》The face of 2000).[25] 컴퓨터 위에서 이미지를 중첩시키는 것은 사실 시각적 데이터의 평균치를 구하는 매우 건조하고 삭막한 작업이다. 하지만 거기서 나온 최종 결과는 뜻밖이었다. 모든 거주민에 공통된 특성은 "고요한 천사의"serene and angelic 형상으로 우리에게 내려온다.[26] 그 얼굴을 보는 것은 거의 '현현'apparition의 체험, 즉 신적인 것의 강림을 보는 황홀경에 가깝다.

디지털 이미지가 뿜어내는 푼크툼은 '언캐니'의 효과와 관련이 있다. 여기서는 1970년 일본의 로봇공학자 모리 마사히로가 제기한 '언캐니 밸리' 이론을 살펴볼 것이다. 원래 로봇 디자인과 컴퓨터그래픽에서 '언캐니'의 효과는 극복해야 할 부정적 현상으로 여겨졌다. 하지만 컴퓨터그래픽의 언캐니한 이미지에 익숙한 대중들은 더는 그것을 부정적 현상이 아니라, 추구해야 할 미학적 효과로 여기고 있다. 이렇게 '언캐니'는 디지털 시대의 새로운 미적 범주로 떠올랐지만, 이를 1930년대 초현실주의의 단순한 반복으로 볼 수는 없다. 디지털 이미지의 '언캐니'는 더는 초현실주의자들의 그것처럼 전복적이지 않다.

24

언캐니 밸리

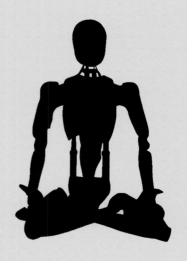

일본의 로봇 공학자 모리 마사히로森政弘(1927~)는 로봇 디자인에서 나타나는 독특한 현상을 지적한다. 로봇의 호감도를 높이는 가장 쉬운 방법은 로봇에 인간의 외관을 주는 것이다. 모든 생명체는 자신과 닮은 것에는 일단 호감을 느끼는 경향이 있기 때문이다. 하지만 인간을 닮는다고 로봇의 호감도가 마냥 증가하는 것은 아니다. 처음에는 유사성에 비례하여 호감도가 증가하지만 정도가 지나쳐 로봇이 사람과 너무 닮으면 외려 섬뜩하게 느껴진다. 이 섬뜩함은 로봇이 사람과 거의 구별할 수 없을 정도가 돼야 비로소 극복되기 시작한다. 이 관계를 그래프로 표시하면, x축의 특정한 구간에 계곡이 형성된다. 이른바 '언캐니 밸리'uncanny valley, 즉 섬뜩함의 계곡이다.

y = f(x)라는 형식으로 된 수학적 함수가 있다. 여기서 y의 값은 x값과 더불어 연속적으로 늘거나 줄어든다. (……) 가속페달을 밟으면 차의 속도가 빨라지는 것처럼 말이다. 이러한 관계는 도처에 있어 쉽게 이해된다. 사실 그것은 대부분의 현상을 포괄하기에 그런 함수가 모든 관계를 다 표상할 수 있다고 생각하기 쉽다. 이 때문에 그런 함수로 표상할 수 없는 현상들과 마주칠 때에는 당혹감을 느끼게 된다. 이를테면 산을 오르는 것은 연속적

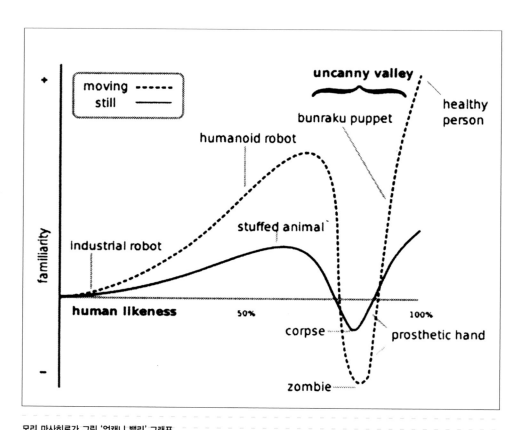

모리 마사히로가 그린 '언캐니 밸리' 그래프

으로 증가하지 않는 함수의 한 가지 예다. 한 사람의 고도 y가 정상까지의 거리가 줄어드는 데 비례하여 증가하는 것은 아니다. 그 사이에 언덕과 계곡이 있기 때문이다. 나는 로봇들이 점점 더 사람을 닮아갈수록 우리의 친밀감이 증가하다가 어느 순간 계곡에 빠지는 것을 관찰했다. 나는 이 관계를 '섬뜩함의 계곡' 不氣味の谷이라 부른다.[1]

섬뜩함의 계곡

로봇 디자인의 최고 목표는 물론 최고의 호감도, 즉 그래프의 둘째 봉우리에 도달하는 데 있다. 하지만 외관과 동작에서 인간과 똑같은 로봇을 만들어내는 것은 기술적으로 요원한 일. 그런 상황에서 무턱대고 최고봉에 오르려다가는 결국 섬뜩함의 계곡에 빠지고 말 것이다. 그래서 모리 마사히로는 로봇 디자이너들에게 첫 번째 봉우리를 목표로 삼으라고 권한다. 즉 첫눈에 인간으로 착각할 만큼 사람을 닮은 '안드로이드'android가 아니라, 인간의 형상을 하고 있되 동시에 첫눈에도 사람과 확연히 구별되는 '휴머노이드'humanoid를 목표로 삼으라는 것이다. 이를테면 혼다의 '아시모'는 모리가 권고하는 구간 내에서 디자인된 로봇이라 할 수 있다.

일본의 로봇 공학에서 '언캐니 밸리'가 문제 되는 데는 이유가 있다. 미국의 로봇 공학은 주로 서비스 로봇service robot 개발에 주력해왔다. 서비스 로봇은 자동차 조립, 집안 청소, 접시닦이 등 인간의 특정 기능을 시뮬레이션한 것이기에 굳이 그 외양과 동작이 인간을 닮을 필요가 없다. 인간들은 그런 로봇을 세탁기나 냉장고 같은 일종의 기계로 간주하기 때문이다. 반면 일본의 로봇 공학은 주로 동반자 로봇companion robot 개발에 주력해왔다. 동반자 로봇은 인간의 친구가 되는 것이 가장 중요한 임무이기 때문에 그 외관과 동작이 인간에게 호감을 주어야 한다. 누구도 흉측한 기계와 친구가 되는 것을 원하지는 않기 때문이다.

그런데 왜 인간은 지나치게 자신을 닮은 로봇에서 섬뜩함을 느끼는가? 마사히로는 그것이 '죽음'을 연상시키기 때문이라고 말한다. 저 그래프의 실선은 로봇이 움직이지 않는 상태에서 유사성과 호감도의 상관관계를 나타낸 것이다. 그래프의 저점에는 '시체'라고 표기되어 있다. 인간을 꼭 닮았으되 어딘지 살아 있는 인간과는 다른 대상은 '시체'를 연상시킨다는 것이다. 그래프의 점선은 로봇이 움직이는 상태에서 유사성과 호감도의 상관관계를 보여준다. 로봇이 움직이지 않을 때보다 파동이 더 심한 것을 볼 수 있다. 로봇이 움직일 경우 호감도는 물론이고 섬뜩함도 한층 커진다는 이야기다. 점선의 최저점에는 '좀비'라 적혀 있다. 시체보다 무서운 것이 좀비 아닌가.

언캐니의 정신분석학

언캐니das Unheimliche 감정에 대한 심리학적 설명은 종종 독일의 심리학자 에른스트 옌치Ernst Jentsch(1867~1919)를 원용한다. 옌치는 언캐니한 감정의 원인으로 "지적 불확실성", 특히 생명이 있는 것과 생명이 없는 것 사이의 불확실성을 지적한다. 밀랍인형으로 가득 찬 방에서 느껴지는 분위기를 생각해보라. 즉 "살아 있는 듯한 것이 실은 죽었을지 모르며, 반대로 죽은 듯한 것이 실은 살아 있을지 모른다는 의심"이야말로 거의 모든 이에게 언캐니한 감정을 불러일으킨다는 것이다. 옌치는 자기 논문에서 언캐니를 문학적으로 탁월하게 활용한 예로 호프만E. T. A. Hoffmann(1776~1822)의 환상소설을 꼽는다.[2] 호프만의 〈모래 사나이〉(1816)에 대한 프로이트의 유명한 분석은 여기서 유래한다.

소설의 주인공 나타니엘은 올림피아라는 소녀와 사랑에 빠진다. 하지만 그녀와 신체접촉을 하는 순간 그는 문득 섬뜩한 죽음의 공포를 느낀다. 그도 그럴 것이 올림피아는 실은 인간이 아니라 정교하게 만들어진 자동인형이었기 때문이다.

> "올림피아의 손은 얼음처럼 차가웠다. 그는 소름끼치는 죽음의
> 냉기에 온몸이 떨리는 것을 느꼈다."
> "뜨거운 그의 입술에 얼음처럼 차가운 입술이 닿았다. 올림피아
> 의 차가운 손을 만졌을 때처럼 깊은 공포가 그를 휩쌌다. 죽은
> 신부에 대한 전설이 문득 떠올랐다."[3]

여기서 '죽은 신부'란 괴테의 담시譚詩 〈코린트의 신부〉에 등장하는 한밤중에 남편을 찾아오는 신부의 유령을 가리킨다. 여기에는 '로봇이 죽음을 연상시킨다'라는 언캐니 이론의 기본 모티브가 들어 있다.

옌치가 의식의 측면에서 언캐니를 '지적 불확실성'으로 규정한다면, 프로이트는 무의식의 측면에서 그것을 '거세공포의 강박적 회귀'로 규정한다. 프로이트에 따르면 〈모래 사나이〉의 언캐니 효

자크 오펜바흐의 오페라 〈호프만 이야기〉 중 자동인형 '올림피아'의 아리아 장면.

과는 자동인형이 아니라 '눈알을 빼앗긴다'라는 모티프에서 비롯된다. 주인공 나타나엘은 어린 시절 유모로부터 "잠을 자지 않는 아이의 눈에 모래를 뿌려 뽑은 눈을 가져간다"라는 모래 사나이의 이야기를 듣고 자랐다. 프로이트는 이 두려움을 아버지로부터 오는 '거세 위협'으로 해석한다. 이 억압된 것의 반복적 회귀야말로 〈모래 사나이〉 특유의 언캐니한 분위기를 설명해준다는 것이다.[4] 미국의 비평가 할 포스터는 이를 토대로 초현실주의자들이 추구하던 '경이'가 결국 프로이트가 말하는 언캐니와 일치한다고 주장한다.

언캐니의 과학

과학에서는 언캐니한 감정의 원인으로 다양한 설명이 제시되었다. 인간인 줄 알았던 대상에서 기대하는 행동이 나오지 않을 경우('기대 위반'), 그 대상을 생명의 범주에 집어넣을지 말지 혼란스러운 경우('정체성의 역설'), 그 대상이 건강한 생체와 달리 어딘지 유전적으로 병약해 보이는 경우('진화 미학'), 그 대상이 감염 위험이 있는 병약한 것으로 보일 경우('혐오 이론'), 그 대상이 죽음에 대한 본능적 공포를 불러일으켜 내면의 방어기제를 작동시키는 경우('공포 관리') 등. 그런가 하면 조커의 웃는 입과 실제 표정의 괴리나 더빙된 영화의 입 모양과 음성처럼, 인간행동을 구성하는 다차원의 신호들이 미묘한 부조화를 이룰 때 언캐니 효과가 발생한다는 설명도 있다.[5]

언캐니 밸리가 실재하는지 여부도 논란이 될 수 있다. 모리의 이론은 그저 주관적 경험(이를테면 의수를 한 사람과 악수를 하는 체험)에 근거한 가설일 뿐 실험을 통해 객관적으로 입증된 사실은 아니기 때문이다. 사실 언캐니 밸리의 존재를 입증하는 데는 현실적 어려움이 따른다. 실험이 가능하려면 인간을 닮은 로봇들을 다양한 종류로 실제로 제작해야 하기 때문이다. 어떤 이들은 이 난제를 사진의 모핑 기법으로 해결한다. 그들은 모핑으로 휴머노이드에서 안드로이드를 거쳐 실제 인간으로 점진적으로 이행하는 사진들을 만들어 피실험자들에게 보여주었다. 그 반응을 측정한 결과, 그들은 그래프의 특정 구간에 실제로 계곡이 생기는 것을 관찰할 수 있었다.[6]

흥미로운 것은 데이비드 핸슨David Hanson(1969~)의 실험이다. 그는 위와 똑같은 방법으로 휴머노이드 '큐리오'에서 안드로이드 '필립 K 딕'을 거쳐 실제 인간으로 이행하는 열한 장의 사진을 만들어 피실험자들에게 제시했다. 그 역시 그래프 위에 실제로 계곡이 나타나는 것을 확인한다. 하지만 모핑된 사진들을 살짝 튜닝하자 완전히 다른 결과가 나타났다. 그래프에서 계곡이 사라져버린 것이다. 여기서 그는 "언캐니 효과를 만들거나 피하는 것은 리얼리즘의 수준에 관계없이 그저 미적 디자인의 질에 달렸는지도 모른다"라는 결론을 내린다. 즉 극단적으로 추상적인 로봇도 미학이 없으면 섬뜩할 수 있고, 섬뜩한 구간의 로봇도 미학이 있으면 얼마든지 호감을 줄 수 있다는 것이다.[7]

계곡 빠져나오기

이시구로 히로시石黑浩(1963~)는 섬뜩해 보이는 안드로이드를 만드는 몇 안 되는 로봇 공학자 중 한 사람이다. 그가 안드로이드에 집착하는 것은 "휴머노이드에 대한 안드로이드의 장점", 즉 "인간 타자의 인격 모델을 환기시키는 능력" 때문이다. "로봇다운 로봇과 인간다운 로봇 중 어느 쪽을 좋아할 것인가?" 그의 대답은 분명하다. "노인들에게서 종종 로봇다운 로봇보다 인간다운 로봇 쪽이 더 좋다는 의견을 듣는다." 이시구로는 외관과 동작을 인간의 것과 똑같이 만듦으로써 언젠가 언캐니 밸리를 극복할 수 있다고 믿는다. 그는 토털 튜링 테스트를 제안한다.[8] 그의 안드로이드들은 아직은 2초 동안 노출시켰을 때 관찰자의 70퍼센트가 인간으로 착각하는 수준에 머물러 있다.

데이비드 핸슨의 기획은 모리의 언캐니 밸리 이론을 무너뜨리는 데 있다. 이를 위해 그는 제 로봇을 일부러 섬뜩함의 계곡 속으로 밀어 넣는다. 2005년 그는 어느 전시회에 필립 K 딕 안드로이드 PKD-A를, 그것도 뒤통수를 뜯은 상태로 내놓았다. 관객들의 반응은 의외였다. 이 로봇을 본 관람객의 71퍼센트는 "로봇이 섬뜩하지 않았다"라고 응답했고, 89퍼센트가 "로봇과의 인터랙션을 즐겼다"라고 대답했다. 여기서 언캐니 밸리 이론의 한계가 드러난다. 한마디로 모리의 그래프에서 호감도를 결정하는 유일한 요인은 동작과 외관의 유사성이다. 하지만 로봇의 호감도를 결정하는 요인이 다양하다면, 비록 외관은 섬뜩해도 다른 요인(이를테면 인터랙션)을 조작함으로써 로봇의 호감도를 높일 수 있다는 얘기가 된다.

한편 핸슨의 실험이 보여주듯이 섬뜩함이라는 것도 실은 리얼리즘의 모든 구간에서 가능하다. 그의 말대로 가장 추상적인 기계도 경우에 따라서는 섬뜩할 수 있다. 옌치 역시 자기 논문에서 인간 크기의 기계가 작동하는 모습이 언캐니하다고 말했다. 이를 바꾸어

이시구로 히로시와 그가 만든 복제 로봇 제미노이드 HI-1, 2006년

데이비드 핸슨이 만든 안드로이드 '필립 K 딕', 2005년

말하면 호감도는 리얼리즘의 모든 구간에서 가능하다는 얘기가 된다. 그리하여 핸슨은 계곡을 가로지르는 다리, 이른바 '매력의 통로'를 제안한다.

> 우리는 언캐니 밸리를 위한 예비적 패러다임의 교체를 제안한다. 만약 생명의 환영이 창조되고 유지될 수 있다면, 언캐니한 효과는 완화될 수 있을지도 모른다. 미학만 잘 디자인한다면, 어느 수준의 리얼리즘에서나 사교적으로 매력적일 수 있을 것이다. 이는 사실상 좋은 미학의 다리를 시사하는데, 이것이 우리로 하여금 수정된 이론을 '매력의 통로'POE: Path of Engagement라 부르게 한다.[9]

핸슨의 로봇은 그래프의 저점, 계곡에서 디자인되었지만 그곳을 성공적으로 빠져나왔다. 몇몇 로보틱 아티스트들의 작업도 핸슨의 이론을 뒷받침해주는 듯하다. 이를테면 호주의 미디어 아티스트 사이먼 페니Simon Penny(1955~)의 작품 〈작은 악〉Petit Mal(1993)은 다리 대신 자전거 바퀴가 있고 눈과 귀 대신 센서가 달린 로봇으로, 동물의 형상zoomorphic이나 인간의 형상anthropomorphic과는 거리가 멀다. 모리의 그래프로 표기하자면, 이 로봇은 유사성 0에 가깝기에 호감도도 0이어야 한다. 하지만 이 작품을 본 관람객들은 이 로봇에서 커다란 매력을 느꼈다고 한다. 비결은 물론 독특한 인터랙션에 있다. 이 로봇은 관객의 뒤를 따라다니다가 정작 관객이 자신을 만지려 하면 도망쳐버린다고 한다.[10]

한편 "로봇 디자인이라는 새 영역을 확립"한 일본의 디자이너

마쓰이 다쓰야松井龍哉(1969~)는 언뜻 보기에는 모리의 권고를 충실히 따르는 듯하다. 실제로 그가 디자인한 모든 로봇은 안드로이드보다는 휴머노이드에 가깝다. 하지만 사실 그는 오래전부터 '로봇의 호감도는 리얼리즘의 모든 수준에서 가능하다'라는 핸슨의 주장을 실천해왔다. 그의 로봇들은 모리의 그래프 위의 첫 번째 봉우리 구간에서 디자인되지만 '플라워 로보틱스'flower robotics라는 그의 유미주의적 디자인 원칙은 그 로봇들을 그래프 위의 두 번째 봉우리, 즉 호감도의 최고봉에 올려놓는다. 이를테면 그의 화동 로봇 '포시'Posy(2001)는 살아 있는 인간의 아이 못지않은, 혹은 그 이상의 호감을 준다.[11]

로봇과 불성

최근 모리 마사히로는 최초의 이론을 내놓은 지 35년 만에 자기 이론을 두 가지 점에서 수정했다. 첫째, 죽은 사람의 얼굴이 모두 섬뜩하지는 않다는 점이다. 그의 체험에 따르면 "때로 죽은 이의 얼굴은 산 사람의 얼굴보다 더 편안한 인상을 준다." 죽은 사람은 산 사람들을 괴롭히는 마음속 고뇌에서 벗어났기 때문이다. "그렇다면 이를 언캐니 밸리 곡선의 어디에 위치시켜야 하는가?" 둘째, 언캐니 밸리 곡선의 최고봉으로 알려진 살아 있는 사람의 얼굴보다 더 온화한 얼굴이 있다는 점이다. 그것은 "인간 이상의 예술적 표현으로서 불상의 얼굴"이다. 그리하여 그는 "우아함으로 가득 차 있고, 인생의 번뇌를 넘어서 있으며, 위엄의 아우라를 가진" 불상을 곡선의 가장 높은 지점에 올려놓는다.[12]

사이먼 페니, 〈작은 악〉, 1993년

마쓰이 다쓰야, '포시', 2001년

영화 〈인류멸망보고서〉의 한 장면

다소 당혹스럽게 느껴지는 이 수정이론은 과학적 연구보다는 독실한 불자로서 모리의 종교적 확신에 기초한 것, 즉 '로봇 디자인의 최고 원리가 로봇에 불성을 구현하는 데 있다'라는 그 자신의 확신에서 비롯된 것으로 보인다.

> 부처님의 눈으로 보면, 인간과 기계 사이에 주종의 구별이 없으며, 우리들은 기계와 융합되어 부처 안에 있는 셈이다. 인간의 존엄이란 기계를 부리는 일이 아니라, 기계와 로봇에게도 우리에게 있는 것과 똑같은 불성이 있는 바, 그 불성을 찾아내고 기계와 로봇에 의해 자기가 수증(修證)될 때에 확립되는 것이다.[13]

한마디로 로봇을 제작한다는 것은 기계와 인간과 불성 안에서 하나가 된다는 의미다. 여기서 로봇 공학은 종교적·기술적 숭고의 영역으로 상승한다.

25

컴퓨터그래픽의 사실주의

일본과 달리 미국에서는 '언캐니 밸리'에 관한 논의가 주로 CGI computer Generated Imagery를 둘러싸고 이루어진다. 그것은 로봇과 애니메이션에서 미국과 일본의 취향이 엇갈리기 때문이다. '동반자 로봇'에 집착하는 일본에서는 로봇에 되도록 인간에 가까운 외양을 부여하려 하나, '기능성 로봇'에 주력하는 미국의 로봇 산업은 인간과 똑같은 외관에 집착할 필요가 없다. 그런데 애니메이션에서는 사정이 뒤집힌다. 일본의 '아니메'가 초당 7~8프레임의 움직이는 만화로 남으려 한다면, 미국의 애니메이션은 아날로그 시절부터 실사에 가까운 초당 24프레임의 사실주의를 지향해왔다. 이렇게 만화를 실사에 가깝게 만들다 보니 로봇이 아닌 CG의 영역에서 '언캐니 밸리'의 문제를 떠안게 되는 것이다.

디지털의 결함

디지털의 불연속성은 보통 모자이크 같은 윤곽이 아니라 표면의 매끄러운 질감으로 나타난다. 캐릭터의 표면은 무수한 폴리곤Polygon들로 모델링된다. 폴리곤은 점이 아니라 면이다. 따라서 폴리곤 단위로 스킨을 입히면, 렌더링rendering 과정에서 캐릭터는 자연적 질감을 잃어버리고 금속이나 플라스틱처럼 매끈한 피부를 갖게 된다.

최초의 컴퓨터 애니메이션 영화들이 장난감(〈토이스토리〉 1999)이나 곤충(〈앤츠〉 1998) 혹은 로봇(〈로봇〉 2005)을 주인공으로 내세운 것은 그저 우연이 아니다. 그것은 디지털의 결함을 피해가는 미학적 전략이었다. 곤충, 장난감, 로봇은 애초 매끈한 표면을 갖기에, 그것들을 주인공으로 삼을 경우 자연스럽게 디지털 이미지의 결함을 감출 수 있다.

〈아이스 에이지〉(2001)에서는 최초로 모피로 뒤덮인 포유류 CG가 등장한다. 털 하나하나를 시뮬레이션하는 것은 기술적으로 불가능하기에, 모피를 그린 투명 카드 수백 장을 가상적으로 겹치는 식으로 보슬보슬한 모피의 느낌을 재현했다.[14] 최초의 디지털 애니메이션에 인간이 대머리로 나오는 것도 이런 사정과 관련이 있다. 인간의 머리를 제대로 시뮬레이션하려면 수십만 가닥의 머리카락을 일일이 원통의 와이어 프레임 모델로 만들고, 그 각각의 프레임을 다시 많은 단위로 나누어야 한다. 이는 기술적으로 불가능하기에, 거기에도 유사한 편법이 사용된다. 그런 방식으로 "부드럽고 탄력 있는 머리칼" CG를 최초로 구현한 것이 〈슈렉 III〉(2007)가 이룩한 기술적 성과다.

인간의 재현은 또 다른 문제다. 〈주라기 공원〉(1994)은 실존했던 공룡을 완벽히 재현해냈지만, 공룡은 파충류에 속한다. 우리는 동료 인간에 대해서는 매우 높은 수준의 사실주의를 요구한다. 이런 점은 이미 기원전 4세기의 중국 문헌에 언급되어 있다. "회화에서 인간의 형상이 가장 어렵다. 그다음은 풍경, 그다음은 개와 말이다."[15] 특히 얼굴은 실제와 다른 데서 오는 아주 작은 어색함도 섬뜩함을 낳을 수 있다. 디지털 액터는 얼굴과 신체에 하얀 점 모

디즈니 애니메이션 〈토이 스토리〉와 〈앤츠〉의 한 장면

포토리얼 컴퓨터 애니메이션 영화 〈파이널 판타지〉의 한 장면

양의 마커들을 부착한다. 배우의 얼굴은 충만한 연속성 속에 있지만, 얼굴에 부착된 마커들은 분산된 점들의 집합이다. 이처럼 현실과 가상 사이에는 여전히 간극이 존재하고, 그 간극은 '언캐니 밸리'의 근원이 된다.[16]

최초의 포토리얼 컴퓨터 애니메이션 영화인 〈파이널 판타지〉(2001)는 야심찬 기획에도 불구하고 흥행에 참패했다. 어쩌면 2001년에 완전한 애니메이션으로 포토리얼한 장편영화를 만든다는 것 자체가 기술적으로 무리였는지 모른다. 당장 영화의 캐릭터들이 외관의 시각적 리얼리즘에도 불구하고 유령처럼 언캐니하다는 지적이 나왔다.[17] 사실 〈파이널 판타지〉의 언캐니는 다양한 유형의 인공생명을 다루는 플롯 자체에서 비롯된 면이 있다. 여기서 부정합은 현실의 인간에 비해 부족한 리얼리즘이 아니라 유령과 같은 생명이 과도한 리얼리즘으로 묘사된 탓인지도 모른다.

CG의 유령들

CG에서 언캐니 밸리의 문제가 본격적으로 논의된 것은 로버트 저매키스Robert Zemeckis(1952~) 감독의 〈폴라 익스프레스〉(2004)가 개봉된 직후였다. 영화를 보던 관객들은 CG로 재현한 인물들에게서 섬뜩함을 느꼈다. 실제로 이 영화의 캐릭터들—특히 톰 행크스가 연기한 차장의 캐릭터—은 어딘지 유령처럼 느껴진다. 이 현상을 설명하기 위해 로봇 공학에서 제출된 '언캐니 밸리' 개념이 몇 십 년 만에 소환되었다. 디지털과 아날로그 사이의 간극을 무시한 채 그래픽으로 무리하게 사진 효과를 내려다 보니 이미지가 섬뜩함의 계곡에 빠졌다는 것이다. 반면 이 영화와 동시에 개봉한 〈인크레더블〉(2004)은 만화의 특성을 그대로 유지한 캐릭터로 관객의 호감을 샀다.

저매키스의 CG 실험은 영화 〈베오울프〉(2007)로 이어졌다. 〈베오울프〉의 CG는 피부의 돌기와 솜털까지 보여줄 정도로 정교하다. 〈폴라 익스프레스〉의 캐릭터가 유령처럼 보인 이유 중 하나는 어색한 눈의 움직임이었다. 눈동자에 마커를 부착할 수 없어 눈의 움직임을 포착하지 못하니, 캐릭터들이 마치 두 개의 구멍이 뚫린 두개골처럼 느껴진 것이다. 저매키스는 안과에서 사용하는 EOG Electrooculogram로 이 문제를 해결했다. 하지만 〈베오울프〉의 캐릭터들 역시 유령 같은 느낌을 완전히 떨치지는 못했다. 거기에는 디지털 액팅의 문제도 있다. 이를테면 현실의 배우는 클로즈업이나 와이드앵글이냐에 따라 연기를 달리하지만 모션 캡처에는 그런 단서가 없다.[18]

더 진전된 시도는 〈아바타〉(2009)를 통해 이루어졌다. 〈아바타〉의 가장 중요한 기술적 성취는 헤드세트에 장착된 카메라로 배우의 표정을 포착하는 '이모션 캡처'emotion capture일 것이다. 과거에는 배우의 얼굴에 마커를 붙여 표정의 근사치를 얻었다면, 이제는 표정 전체를 디지털 캐릭터로 변환할 수 있게 되었다. 관객이 〈아바타〉의 캐릭터들에 쉽게 감정이입하는 것은 이 기술 덕분이다. 제임스 카메론James Cameron(1954~) 감독은 〈아바타〉가 언캐니 밸리를 극복했다고 선언한다. 하지만 아바타의 캐릭터는 '인간'이 아니라 '하이브리드'다. 관객은 인간의 얼굴에는 더 높은 리얼리즘을 요구한다. 따라서 〈아바타〉로 언캐니 밸리를 극복했다고 판단하기

〈폴라 익스프레스〉의
한 장면

〈베오울프〉의 캐릭터

〈크리스마스 캐럴〉의
캐릭터

는 이르다.[19]

　카메론이 〈아바타〉로 CG의 사실주의를 완성하려 한다면, 저매키스는 다른 방향을 모색하는 듯하다. 2009년작인 〈크리스마스 캐럴〉의 캐릭터는 캐리커처에 가깝다. 디지털 스크루지와 실제 연기자인 짐 캐리를 비교해보면 그것이 얼마나 만화적으로 과장되었는지 알 수 있다. 〈크리스마스 캐럴〉의 캐릭터는 언캐니하다. 하지만 이것이 외려 원작의 으스스한 느낌을 잘 살려준다. 〈폴라 익스프레스〉에서 유일하게 성공한 캐릭터가 기차 위의 유령이었던 것처럼, 〈크리스마스 캐럴〉에서 스크루지의 언캐니한 외양은 그의 스산함과 잘 맞아떨어진다. 〈폴라 익스프레스〉와 〈베오울프〉에서는 기술이 미학을 삼켜버렸다면, 〈크리스마스 캐럴〉에 이르러 비로소 기술과 미학은 화해에 도달한 듯하다.

아날로그와 디지털의 간극

아날로그의 연속성과 디지털의 불연속성, 이 둘의 간극에 대해서는 이론적으로 다양한 입장이 존재한다. 빌렘 플루서는 아날로그와 디지털 사이에 원리적 차이란 없다고 단언한다. 오늘날 물리학은 모든 것을 미립자로, 생물학은 유전자로, 신경생리학은 자극으로, 언어학은 음소로, 인류학은 문화소로, 심리학은 행동소로 환원한다. 어차피 모든 존재가 미립자들의 분산이라면, 현실과 가상의 차이는 상대적인 것이 된다. 즉 "입자들의 분포가 빽빽하면 현실적으로 되고, 입자들의 분포가 느슨하면 가상적(잠재적)으로 된다." 한마디로 현실과 가상의 차이란 결국 밀도 혹은 해상도의 차이라는 얘기다.

플루서는 테크놀로지의 발전이 언젠가 이 간극을 극복할 것이라 예상한다.[20]

반면 스티븐 홀츠먼Steven R. Holtzman(1956~1999)은 아날로그와 디지털의 원리적 차이를 강조한다. 아무리 픽셀을 촘촘히 배치해도 디지털 가상은 여전히 모자이크일 뿐이다. 아무리 아날로그에 가까워져도 0과 1의 조합이라는 디지털의 본성이 바뀌지는 않는다. 디지털 분산이 아무리 촘촘해져도, 그것이 아날로그 사진 혹은 육안으로 보는 세계의 모습과 같을 수 없다. 게다가 발달하는 것은 CG 기술만이 아니다. CG가 발달할수록 리얼리즘에 대한 대중의 요구 수준도 함께 높아진다. 따라서 아무리 CG가 사실적이더라도 대중은 여전히 거기서 어떤 결핍을 볼 것이다. 디지털이 어설프게 아날로그를 모방하는 데서 벗어나 차라리 자기 길을 걷는 게 낫다는 얘기다.[21]

하지만 레프 마노비치에 따르면 적어도 CGI에서 아날로그와 디지털의 간극은 극복된 지 오래다. CG의 해상도는 오래전에 실사의 수준을 넘어섰다. 이를테면 아날로그 사진의 경우 초점 근처는 선명하고 주위는 흐리지만 초점이 없는 디지털 사진에서는 모든 부분이 선명하다. 아날로그 사진을 계속 확대하면 언젠가 입자의 분산에 도달하지만 수학적 연산으로 생성되는 CG는 선명함을 잃지 않고도 무한히 확대할 수 있다. 이를테면 스티븐 스필버그Steven Spielberg(1946~) 감독이 〈주라기 공원〉을 만들 때 CG의 이미지가 너무 선명한 나머지 실사에 어울리도록 일부러 그래픽의 질을 떨어뜨려야 했던 것을 생각해보라. "일반적으로 컴퓨터그래픽으로 제작된 합성사진이 진짜 사진보다 열등하다고 생각하지만, 오히려 그

〈주라기 공원〉의 한 장면

〈터미네이터〉의 한 장면

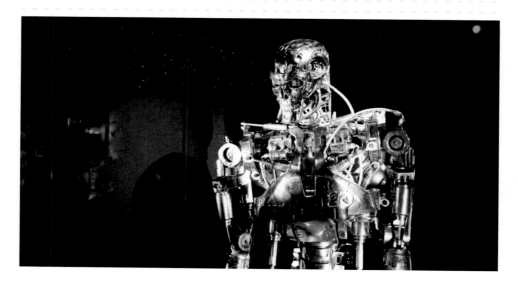

사진들은 과도하게 완벽한 것이다."

  한편 〈터미네이터 II〉(1991)는 컴퓨터그래픽의 질을 떨어뜨리지 않고 선명도를 그대로 다 살렸다. 이는 〈주라기 공원〉의 공룡들이 과거에서 온 반면, 〈터미네이터〉의 금속인간은 미래에서 왔다는 사실과 관련이 있다. 공룡들은 아득한 과거에 현실로 존재했던 것이기에 현실의 배경과 시각적 조화를 이루어야 한다. 하지만 터미네이터의 금속인간은 아직 존재하지 않는 것이기에, 현재 존재하는 것과 시각적 충돌을 일으켜야 외려 미래주의적 느낌이 살아난다. 이는 CG가 본질적으로 과거가 아니라 미래의 세계에 속하는 이미지라는 것을 의미한다. 마노비치의 말대로, "컴퓨터로 만든 합성 이미지는 우리 현실을 열등하게 재현하는 것이 아니라 다른 현실을 사실적으로 재현한 것"이다.[22]

CG의 미래

CG는 디지털이 아날로그를 따라잡을 수 없다는 홀츠먼의 주장을 무색하게 만들어버렸다. 홀츠먼은 디지털이 불연속적이라 주장하지만 마노비치는 실은 디지털이 아날로그보다 더 연속적이라고 말한다. 아날로그 사진을 계속 확대하면 결국 망점mesh에 도달하지만 디지털은 무한 해상도를 갖는다. 색채 역시 아날로그보다 디지털 쪽이 채도彩度가 높다. 스필버그가 실사와 그래픽을 균열 없이 봉합하기 위해 그래픽의 질을 떨어뜨린 것은 이 때문이다. CG에서 디지털과 아날로그의 간극은 디지털의 부족함에 있는 게 아니다. 오늘날 그것은 외려 디지털의 과도함에서 비롯된다. 하지만 해상도가 곧 리얼리즘을 의미하는 것은 아니다. 솜털과 땀구멍까지 보여주는 과도한 사실주의는 〈베오울프〉를 비현실적으로 느껴지게 만들었다.

실사와 구별되지 않는 CG는 현재 거의 완성 단계에 이르렀다. 이미지 매트릭스 사社는 2008년 '시그래프'SIGGRAPH; Special Interest Group on Computer Graphics of the Association for Computing Machinery에 '에밀리 프로젝트'를 선보였다. 프로젝트의 요체는 배우 에밀리 오브라이언Emily O'brien(1985~)을 디지털로 복제하는 것이었다. 하필 실존 인물을 대상으로 삼은 것은, 완성된 CG가 실사에 얼마나 가까운지 확인하기 위해서다. 여섯 명의 아티스트가 협력하여 만들어낸 CG 동영상은 실제 에밀리를 촬영한 실사와 구별할 수 없는 수준이었다. 디지털 아티스트 피터 플란텍Peter Plantec(1942~)은 90초 길이의 그 짧은 동영상을 보고 이렇게 말했다. "나는 이미지 매트릭스가 마침내 언캐니 밸리를 건너는 다리를 건설하여 우리를 그 건너편에 데려다주었다고 공식적으로 선언하는 바이다."[23]

하지만 CG는 아직 중세에 머물러 있다. 중세의 회화는 단일시점이 없어 한 화면이 여러 개의 이질적 공간의 접합으로 이루어진다. 한 화면이 하나의 시점에 따라 구축된 균질적 공간이 되는 것은 원근법이 등장하는 르네상스에 이르러서다. 우리의 CG는 아직 원근법 이전의 단계에 있어, 한 화면 안에서 서로 이질적인 기술들이 애매하게 결합된다. 이를테면 인물의 CG는 와이어 프레임에 스킨을 입히는 조각적 방식으로 제작되지만 배경 CG는 대개 프랙털 알고리즘에 따라 수학적으로 생성된다. 게다가 물이나 불, 연기나 안개, 수풀이나 덤불에 따라 각각 다른 소프트웨어가 요구된다. 결국

시그래프의 '에밀리 프로젝트'. 실존하는 배우 에밀리 오브라이언을 디지털로 복제한 것이다.

현재의 CG는 이 모든 이질적 기술을 그러모으고는 봉합선을 슬쩍
지워놓은 데 불과하다.[24]

　　디지털이 아날로그를 모방하기보다는 제 고유의 미학을 추구
해야 한다는 홀츠먼의 주장은 어떤 면에서 여전히 유효하다. 이를
테면 디자이너 카림 라시드Karim Rashid(1960~)는 디지털의 매끈한
느낌을 살려 새로운 디자인 개념('디지팝')을 제시했다. 이것은 디지

카림 라시드가 디자인한 테크노–오르가닉 푸드코트

털 이미지의 결함을 외려 미학적 장점으로 바꾸어놓은 훌륭한 예다. 렌즈의 깊이가 없고 잡티 없이 매끈한 CG의 특성은 과거에 존재했거나 지금 존재하는 대상을 재현할 때는 감추어야 할 결점으로 작용한다. 하지만 CG를 꼭 과거나 현재와 짝지을 필요는 없다. 마노비치가 지적한 것처럼 과도하게 선명한 CG와 어울리는 것은 아직 오지 않은 미래다. 게다가 디지털 이미지에 따라다니는 '언캐니'는 이미 새로운 취향의 근원이 되고 있다.

26

미적 효과로서 언캐니

'언캐니'는 디지털의 잠재적 특성인지도 모른다. 디지털은 회화와 사진을 하나로 만들기에, 회화적 제재는 얼마든지 사진적 제재로 나타날 수 있고, 사진적 제재는 언제라도 회화적 제재가 될 수 있다. 다시 말하면 피사체가 없는 상상도 사진으로 찍은 것처럼 생생하게 보여줄 수 있고, 카메라로 찍은 현실도 리터칭retouching을 통해 회화적 상상처럼 제시할 수 있다. 플루서의 표현을 패러프레이즈하자면, 디지털 이미지 속에서 가상은 현실만큼이나 실재적으로 되고, 현실은 가상만큼이나 유령스러워진다. 현실 같은 가상과 유령 같은 현실은 섬뜩한 느낌을 준다. 그것이 디지털 이미지와 더불어 살아가는 시대의 세계감정이라면, 디지털 대중은 곧 그 섬뜩함에서 취향을 갖게 될 것이다. 몇몇 작가의 작품에서 우리는 그 예후를 본다.

사진적 사실과 회화적 불신의 역설

로레타 룩스Loretta Lux(1969~)의 아이들은 섬뜩한 느낌을 준다. 이 독특한 이미지를 만드는 데는 그녀가 그동안 받은 예술적 영향이 모두 동원되었다. 이를테면 아이들의 얼굴과 신체는 일 브론치노Ⅱ Bronzino(1503~1572)의 인물들처럼 창백하고, 디에고 벨라스케스 Diego Velásquez(1599~1660)의 왕녀처럼 귀족적·기념비적 자세를 취하고 있다. 아이들은 어디인지 알 수 없는 배경 속에 외로이 고립되어 있다. 이 몽환적 분위기는 필립 오토 룽게Philipp Otto Runge(1777~1810)를 비롯한 독일 낭만주의 화가들의 작품을 연상시킨다.[25] 한편 그녀가 어린이를 사진의 제재로 선택한 것은 빅토리아 왕조의 작가들, 즉 줄리아 마거릿 카메론Julia Margaret Cameron(1795~1881)과 루이스 캐럴Lewis Carol(1832~1898)의 영향이라고 한다.

작업에 바탕이 된 것은 아이들의 사진이지만, 누가 봐도 저것은 화가가 아니라면 만들어내기 힘든 이미지다.[26] 특히 파스텔 톤으로 완벽한 조화를 이루는 인물과 배경의 색채를 보라. 실제로 그녀는 조형예술에서 출발하여 사진 작업으로 넘어왔다. "나는 이제 카메라를 새로운 도구로 삼아 다른 각도에서 회화에 접근하고 있다." 포토샵으로 사진을 수정하는 것은 물론 화가처럼 "이미지에 대한 완전한 통제"를 위해서다. 비록 사진을 회화의 수단으로 사용하지만, 그녀가 회화라는 매체 자체를 좋아하는 것은 아니다. "나는 그것(=회화)의 물리적 측면을, 즉 염료, 기름, 테레빈유를 다루는 것을 좋아하지 않는다."[27] 그녀의 이미지가 회화의 질감을 잃어버리고 완벽한 매끄러움을 보여주는 것은 그 때문이다.

"사진적 사실성과 회화적 불신의 숨 막힐 듯한 패러독스."[28] 사진과 회화는 디지털 조작을 통해 하나가 된다. 그녀는 먼저 인물 사진을 찍은 후 사진에서 인물 이외의 것은 모두 지운다. 배경은 그녀가 직접 그린 그림 혹은 다른 데서 찍은 사진으로 대체된다. 그 공간 속에서 그림자는 모두 지워진다. 그곳은 현실이 아닌 다른 세계로 보인다. 그곳은 마치 어린이들만 사는 곳처럼 보인다. 자세히 뜯어보면 아이들의 신체가 왜곡되었음을 알 수 있다. 아이들의 머리

로레타 룩스, 〈드러머〉, 2004년

와 눈은 실제보다 확대되어 있다. 얼굴에는 표정이 없고, 알 수 없는 곳을 향하는 아이들의 눈동자는 왠지 텅 비어 있다. 이미지는 포토샵으로 이상화되어 있으나, 그것이 고전예술에서처럼 '완전함'을 위한 것은 아니다.

　룩스는 아이들의 초상을 만들려는 게 아니다. "비록 초상이라는 장르에 속하기는 하지만 어떤 의미에서 그 아이들은 자신을 대표하지 않는다. 이것은 고전적 의미의 초상이 아니다. 그것들은 실제 아이의 심리적·개인적 상황을 재현하지 않기 때문이다." 작가는 그것이 "어린 시절의 은유"라고 말한다.[29] 저 낯선 풍경은 어린이의 눈에 비친 어른의 세계일 수도 있고 어른들이 이미 잊어버린 어린이의 세계일 수도 있다. 그것은 슈만의 〈어린이 정경〉처럼 포근하기만 하지 않다. 거기에는 어떤 섬뜩함이 있고, 그러면서도 동시에 묘한 아름다움이 있다. 포토샵을 이용한 이상화는 이 '섬뜩한 아름다움'을 완성하기 위한 것이다. 디지털 이미지는 후기낭만주의의 언캐니 취향을 다시 불러내고 있다.

생명과 인공의 차가운 아름다움

로레타 룩스가 회화와 사진을 결합한다면, 러시아의 신예 올렉 도우Oleg Dou(1983~)는 사진과 디자인을 결합시킨다. 그의 사진의 주인공들 역시 대부분 패션모델이다. 디자인에서 접근했다는 사실 자체가 그의 이미지의 미학적 특성을 결정하게 된다. 디자인은 공학과 결합된 예술이며, 무기물의 형태를 만들어내는 작업이다. 그렇기 때문에 디자인의 산물은—유기체의 형태를 모방하는 경우에도—본질적으로 무기적 구조를 갖게 된다. 그 결과 사진과 디자인을 결합한 올렉 도우의 초상사진은 생명 있는animate 것과 생명이 없는inanimate 것의 모순적 결합으로 나타난다. 놀라운 것은 "현실과 인공성의 조합"으로 만들어낸 이 괴물이 충격적인 아름다움을 갖는다는 점이다.

올렉 도우는 "인간의 개인성과 자기표현"이라는 관점에서 "인간의 내면세계와 사회적 행동 사이의 관계"를 탐색하려 했다고 한다. "사회는 인간의 행동과 사유를 제한"하지만 "인간에게는 자기 자신으로 남을 권리가 있다." 작가는 자기 작업의 사회적·정치적 메시지를 강조하나,[30] 그의 이미지가 지닌 압도적 미학성은 그가 표면에 내세우는 메시지를 간단히 집어삼키는 듯하다. "내 작품의 인물들은 개성이 없다." 디지털 조작으로 개성을 나타낼 만한 생명의 표지를 모두 지워버렸기에, 당연히 그의 인물들에게선 개성이 느껴지지 않는다. 하지만 그것이 획일화하는 사회에 대한 항변으로 읽히지는 않는다. 개성 없는 그 인물들이 차라리 새로운 미의 이상처럼 느껴지기 때문이다.

올렉 도우는 인물의 눈썹과 속눈썹을 지운다. 인물의 피부는 티 하나 없이 완전히 매끄럽게 처리한다. 그가 지우는 것은 개성의 표식이라기보다는 차라리 생명의 표식이다. 리터칭을 거친 인물은 유기체의 특성을 잃으면서 로봇이나 사이보그에 가까워진다. 조각적이고 비인간적이고 비생명적이며 비현실적인 이미지. 이것이 사진과 디자인의 결합, 즉 "현실과 인공성의 조합"으로 탄생한 새로운 인간이다. 당혹스러운 것은 이 차가움, 이 섬뜩함 속에 어떤 형언할 수 없는 아름다움이 있다는 것이다. 그의 인물들은—심지어

올렉 도우, 〈타이〉, 2007년

입에서 나온 혀가 넥타이가 되어 목을 휘감고 있는 에일리언의 형
상조차—매혹적인 아름다움을 갖는다. 그에게서 언캐니는 아름다
움의 근원으로 작동하고 있다.

〈토이스토리〉Toy Story(2008) 연작에서 올렉 도우는 아이들로
시선을 옮긴다. 로레타 룩스의 아이들이 인간과 인형의 중간에 있
다면, 올렉 도우의 아이들은 인간과 장난감 사이에 있다. 그가 영화
〈토이스토리〉의 제목을 차용한 것은 매우 의미심장하다. 디지털 이
미지는 사진과 달리 표면이 매끄럽다. 언캐니 밸리에 빠지지 않기
위해 초기 디지털 애니메이션은 장난감, 로봇, 곤충처럼 애초에 매
끄러운 피부를 가진 것들을 주인공으로 내세워야 했다. 영화의 CG
는 그 후 인간을 사실적으로 재현하는 쪽으로 발전해나갔지만, 올
렉 도우는 반대 방향으로 움직인다. 그는 외려 아이들이 플라스틱
장난감처럼 보이게 한다. 기피해야 할 속성이었던 언캐니가 어느새
미적 선호의 대상으로 변한 것이다.

도플갱어

웬디 맥머도Wendy McMurdo(1962~)의 작품은 헬렌 레빗Helen
Levitt(1913~2009)의 길거리 사진을 연상시킨다. 두 사람의 작품에
서 아이들은 이 세상에 있으면서도 왠지 다른 세상에 가 있는 것처
럼 보인다. 물론 차이가 있다. 헬렌 레빗은 아날로그 카메라로 길거
리 아이들의 삶을 객관적으로 기록하려 했다. 반면 맥머도는 디지
털 테크놀로지로 이미지를 조작함으로써 사진의 객관성을 무너뜨
린다. 종종 사용되는 기법은 거기에 반드시 있어야 할 요소를 삭제

하는 것이다. 예를 들어 연주에 열중하는 아이의 손에는 바이올린이 들려 있지 않고, 게임에 몰두하는 아이들 앞에는 컴퓨터 하드웨어가 보이지 않는다. 그 결과 그녀의 사진은 사실과 허구 사이의 어딘가에 존재하게 된다.

〈도플갱어〉Doppelgänger(1995) 연작에는 동일한 외모와 복장을 한 두 명의 어린이가 등장한다. 그 두 아이는 일란성 쌍둥이가 아니다. 하나는 카메라로 찍은 현실의 아이이고 다른 하나는 그것을 디지털로 복제한 이미지에 불과하다. 롤랑 바르트에 따르면 사진은 "코드 없는 메시지"다. 즉 아날로그 소녀는 '화학적' 이미지다. 그것은 그 무엇을 의미하기 이전에 현실에 존재했던 어떤 것의 물리적 흔적이다. 반면 디지털 분신은 '전자적' 이미지다. 그것은 얼마든지 조작될 수 있는 가상의 정보에 불과하다. 이렇게 상이한 존재의 층위에 속하는 두 아이가 하나의 공간을 점하고 있다.[31] 누가 누구의 도플갱어인지 구별할 수 없는 상황에서 두 아이는 서로 의심쩍은 눈길을 보낸다.

여기에는 어떤 섬뜩함이 있다. 그 섬뜩함은 룩스나 도우의 경우처럼 디지털로 수정된 외모에서 나오는 게 아니다. 맥머도의 아이들은 적어도 외견상으로는 현실의 아이와 전혀 다르지 않다. 사진 속 아이는 수제인형이나 사이보그처럼 보이지 않는다. 섬뜩함은 상황에서 나온다. 내가 나의 바깥에서 내 자신을 보는 것은 악몽보다 더 끔찍한 체험이다. 속설에 따르면 '자신의 도플갱어를 목격하는 것은 죽음의 징조'다. 물리적 흔적으로서 소녀와 물질성이 없는 정보로서 소녀. 두 소녀 중에서 하나는 분명히 유령일 것이나 둘 중 누가 유령이고 누가 실물인지 가려낼 수는 없다. 이 상황

웬디 맥머도, 〈도플갱어〉 연작 중 〈헬렌, 백스테이지, 메를린 테아트르〉, 1996년

은 '언캐니'하다. 이것이 우리에게 알 수 없는 불안과 공포를 일으
킨다.

〈도플갱어〉 연작에는 '디지털과 언캐니'라는 부제가 붙어 있기
도 하다. 여기서 작가가 '언캐니'를 디지털의 본질로 이해하고 있음
을 알 수 있다. 프로이트에 따르면 도플갱어는 유년기에 자아를 구
축하는 데 사용되던 허구적 표상이 성장기에 극복되었다가 성년기
에 되돌아오는 현상이다. '억압된 것의 회귀'는 낯익은 낯섦, 즉 언
캐니의 느낌을 낳는다. "언캐니는 실제로는 새롭거나 낯선 것이 아
니라, 아주 오래전부터 심리생활에 친숙했으나 억압의 과정을 통해
낯설어졌을 뿐인 어떤 것이다."[32]

르브낭

스기모토 히로시杉本博司(1948~)의 〈초상들〉(1999) 연작 중 가장 인
상적인 것은 아마도 영국의 왕 헨리 8세Henry VIII(1491~1547)의 초
상일 것이다.[33] 스기모토는 왕과 더불어 그가 불행하게 만든 여섯
부인의 초상도 함께 제작했다. 언뜻 보기에는 우리에게 익숙한 스
튜디오 초상 사진처럼 보인다. 하지만 우리는 곧 거기에 어떤 시대
착오가 있음을 깨닫게 된다. 헨리 8세가 살았던 16세기에는 '사진'
이라는 것이 존재하지 않았기 때문이다. 이 작품이 발산하는 스산
한 분위기는 이 "친숙함과 부조화의 언캐니한 결합"[34]에서 나온다.
작가는 16세기에 살았던 인물의 사진을 제작한 과정을 이렇게 설명
한다.

"16세기에 영국 왕자의 궁정화가였던 플랑드르의 화가 한스 홀바인Hans Holbein The Younger(1497~1543)은 우리에게 인상적으로 제왕적인 모습의 헨리 8세 상을 남겼다. 이 작품은 지금 영국 왕립 초상화 갤러리에 소장되어 있다. 홀바인의 초상에 근거하여 장인 마담 튀소Marie Grosholtz Tussaud(1760~1850)의 왁스 장인들이 완벽한 기술로 완전히 충실한 왕의 모상을 만들었다. 덕분에 나는—홀바인이 그 아래 그렸을 것으로 추정되는 르네상스 조명에 대한 내 자신의 연구에 기초하여—왕의 초상을 다시 제작할 수 있었다. 이 과정에서 나는 당시의 사용 가능한 유일한 기록매체인 회화를 사진으로 대체했다."[35]

스기모토를 통해 회화로 존재했던 헨리 8세의 초상은 생생한 사진으로 거듭난다. 회화와 사진은 애초 리얼리즘의 차원이 다르다. 홀바인의 초상이나 튀소의 인형이 아무리 사실적이라 해도 그 사실성이 실물이나 사진을 따라갈 수는 없기 때문이다. 스기모토의 사진 속 헨리 8세는 거의 실물로 보인다. 이렇게 피사체로 존재한 적이 없는 것을 피사체로 제시하는 것이 디지털 사진의 중요한 특징이다. 하지만 여기서 유령은 디지털의 방식으로 돌아온 것이 아니다. 스기모토의 작업은 아날로그적이다. 한마디로 그는 디지털 사진에서나 가능할 언캐니 효과를 아날로그 방식으로 연출한 셈이다.

스기모토는 잊지 않고 이 작품을 자기 작업의 일관된 콘셉트인 '시간'과 연결시킨다. "이 사진이 당신에게 실물처럼 보인다면, 지금 여기에 살아 있다는 것이 무엇인지 생각해보는 게 좋을 것이다."

스기모토 히로시, 〈초상들〉
연작 중 〈헨리 8세〉, 1999년

한스 홀바인, 〈헨리 8세의 초상〉, 1547년

이로써 왁스인형 사진은 현대의 '메멘토 모리'가 된다. 여기서 '사진의 유령'은 주제적으로 '시간의 흐름'과 연결된다. 공교롭게도 이두 가지는 바르트가 말하는 '푼크툼'의 본질을 이루는 것이기도 하다. 실제로 스기모토의 〈초상들〉은 보는 이를 찌른다. 하지만 스기모토의 〈초상들〉에 푼크툼이 있다 해도 바르트의 그것과는 성격이사뭇 다를 터이다. 〈헨리 8세〉가 발산하는 푼크툼은 철저하게 계산되고 완벽하게 연출된 것이기 때문이다.

27

강박적 아름다움

아방가르드 예술의 여러 흐름 중에서 '레디메이드'와 더불어 제 대접을 받지 못한 것이 있다면 '초현실주의'이리라. 모더니즘의 비평은 초현실주의를 주류에서 벗어난 일탈로 간주하는 경향이 있다. 모더니즘의 주류인 추상미술이 형과 색에 대한 탐구에 몰두한다면, 초현실주의는 형식이 아니라 주제를 탐구했기 때문이다. 클레멘트 그린버그 Clement Greenberg(1909~1994)에 따르면, 회화에서 '모더니티'란 회화가 자연을 탐구하기 이전에 먼저 자기 자신, 즉 회화라는 매체의 가능성부터 점검하는 것을 의미한다. 이 형식주의의 관점에서 볼 때, 매체에 대한 반성에서 벗어나 매체 밖의 세계(이를테면 무의식)를 탐구하는 초현실주의는 모종의 시대착오, 즉 모던이전 pre-modern으로 되돌아가는 퇴행 현상일 뿐이다.

언캐니와 초현실주의

더 큰 문제는 초현실주의가 제대로 이해받지도 못했다는 것이다. 이제까지 미술사가들은 초현실주의를 '꿈의 해석'이나 '자동기술법' 같은 술어로 기술해왔다. 이 경우 초현실주의란 그저 꿈의 형상을 의식의 통제 없이 머리에 떠오르는 대로 기술하는 것 따위를 의미하게 된다(실제로 앙드레 브르통 André Breton(1896~1966)은 초현실주의를 자동기술법과 동일시하곤 했다]. 1960년대 이후 추상이 퇴조하면서 초현실주의가 때늦은 재평가를 받았으나 이러한 복권에도 불구하고 "대부분의 미술사는 초현실주의의 공간을 여전히 구태의연한 옛 이야기들로 채우고" 있다. 이런 상황에서 초현실주의 연구에 유일하게 본질적 기여를 한 것은 할 포스터Hal Foster의 저서 《욕망, 죽음 그리고 아름다움》으로 보인다.[36]

이 책의 특징은 초현실주의를 설명하는 데 초기 프로이트가 아니라 후기 프로이트의 이론을 동원하는 데 있다. 할 포스터가 보기에 초현실주의의 본질을 가장 잘 드러내주는 개념은 '언캐니'다. 작업을 통해 언캐니 효과를 만들어내는 것이 초현실주의의 미학적 목표였다. 정신분석학에서 '언캐니'는 "그동안 억압되어왔던 것이 통합된 정체성이나 미적 규범이나 사회질서 등을 파열시키면서 회귀"하는 것을 볼 때 생기는 심리적 분위기로 정의된다. 현실주의자들은 그저 꿈의 그림이나 무의식의 말을 그대로 옮겨 적으려 했던 게 아니다. 그들은 무엇보다 "억압된 것에 끌렸을 뿐 아니라 억압된 것의 회귀를 비판적인 방향으로 이끌어가려 했다."

'언캐니'uncanny는 독일어 '운하임리히'unheimlich의 역어로, 주지하다시피 심리학자 에른스트 옌치가 도입한 개념이다. 그는 언캐니의 감정을 "살아 있는 듯한 존재가 정말로 살아 있는지, 혹은 그 반대로 생명 없는 대상이 실은 살아 있는 게 아닌지 의심스러운 상태"로 정의했다. 이미 전술했듯, 옌치와 달리 프로이트는 소설의 언캐니한 효과를 '자동인형'보다는 '눈알을 빼앗긴다'라는 〈모래 사나이〉 모티프와 연관시킨다. 프로이트는 이 모티프를 거세 환상으로 해석했으며, 이 유아기의 근본 환상은 성장과정에서 억압되고 망각되지만, 삶에서 경험하는 여러 사건을 계기로 끝없이 되돌아온다. 번번이 되돌아오는 이 환상은 원래 낯익은 것이지만 동시에 망각된 것이기에 의식에는 낯설게 느껴진다. 바로 여기서 '낯익은 낯섦'이라는 언캐니의 정의가 성립하게 된다. "언캐니는 억압에 의해 낯선 것이 되어버렸으나 원래는 낯익던 현상이 되살아나는 것과 관련된다. 억압되었던 것이 되살아나면 주체는 불안해진다. 주체가 이해하기 힘든 모호한 현상이 나타나기 때문이다. 언캐니는 이 불안한 모호함 때문에 생기는 직접적 결과다."

경이로운 것

할 포스터는 앙드레 브르통이 초현실주의의 기본 원리로 채택한 '경이'가 결국 프로이트가 언급한 언캐니를 의미한다고 말한다. 그 유명한 선언문('초현실주의 선언')에서 브르통은 초현실주의가 추구하는 '경이'the marvelous를 '발작적 아름다움'과 '객관적 우연'이라는 두 가지 개념으로 설명한 바 있다.

'경이'의 하위 범주인 '발작적 아름다움'compulsive beauty은 다시 "베일에 가려진 에로틱한 것"과 "폭발하는 상태가 멈춰버린 것"으로 나뉜다. 이 두 가지의 예로 브르통은 현대의 마네킹과 낭만주의적 폐허를 든다. 모두 초현실주의자들이 선호하던 이미지다. 사물이면서 생명처럼 보이는 마네킹에서는 인간과 비인간이 하나가 된다. 그리고 오랜 시간의 흐름 속에서 서서히 무너져내려 대지로 합류하고 마는 폐허에서는 역사와 자연이 하나가 된다. 여기서 마네킹은 '베일에 가린 에로틱', 그리고 폐허는 '정지된 폭발'의 예라 할

만 레이, 〈정지된 폭발〉, 1934년

수 있다. 어느 것이든 발작적 아름다움은 삶과 죽음의 뒤섞임으로 나타난다. 앞에서 살펴본 것처럼 이는 언캐니의 감정이 발생하는 전형적 상황이다.

한편 '경이'의 또 다른 범주인 '객관적 우연'objective chance은 다시 '우연한 만남'과 '발견된 오브제'로 나뉜다. 여기서 '우연한 만남'이란 우연히 일어난 일이지만 마치 미리 정해져 있던 것처럼 느껴지는 사건을 가리키고, '발견된 오브제'란 결코 되찾아지는 것이 아닌데도 우리로 하여금 계속 찾아 헤매게 만드는 대상을 가리킨다. 초현실주의에는 이처럼 "아직 결정되지 않은 것이면서 동시에 결정되어버린 것처럼" 느껴지거나 "전에 본 적이 없는데도imprévu 마치 본 적이 있는 것déjà vu처럼" 느껴지는 역설적 경험이 깔려 있다. 이 모순적 상황은 무의식에는 익숙한 것이 의식에는 낯설게 나타나는 데서 비롯된다. 이 역시 '낯익은 낯섦'이라는 언캐니의 정의와 일치한다.

죽음의 충동

여기서 주목해야 할 점은, 초현실주의자들이 추구하던 '경이'의 바탕에 은밀히 죽음의 충동이 깔려 있다는 사실이다. 이를테면 발작적 아름다움의 한 예인 '베일에 가린 에로틱'을 보자. 이를테면 '달걀 모양의 석회암 퇴적물', '사람 모양의 고무 오브제', '수중 정원을 닮은 산호초' 등 초현실주의자들이 선호하던 오브제나 이미지들은—생명이 있는 것과 없는 것의 그 모호한 혼합 속에서—개체발생의 최초 상태(자궁 속), 혹은 진화 단계의 최초 상태(원시 바다)를 연상시킨다. '정지된 폭발'도 마찬가지다. 이를테면 폐허가 된 원시림에 방치된 고속 열차, 회전하는 탱고 댄서의 정지 사진이 보여주는 것은 운동과 정지, 삶과 죽음의 혼합이다. 거기서 우리는 삶에서 죽음으로 돌아가려는 충동을 읽을 수 있다.

'발작적 아름다움'의 또 다른 예인 '객관적 우연'의 바탕에서도 어렵지 않게 죽음의 충동을 읽을 수 있다. 객관적 우연에서 주체는 강박의 메커니즘에 따라 스스로 기억하지도 못하는 과거의 트라우마를 반복적으로 경험한다. 이 반복의 강박은 트라우마의 경험을 기억하기 때문이 아니라 그것을 억압하기 때문에 발생하는 것이다. 초현실주의자들은 이 억압과 반복의 강박증을 '객관적 우연'으로 바꾸어놓았다. 주체가 망각을 통해 억압해놓은 고통스러운 기억으로 자꾸 돌아가는 이유는 무엇일까? 아마도 거기에 은밀한 매력이 있기 때문일 것이다. 그 매력은 '죽음의 충동'이라는 무의식적 욕망에서 비롯된다. 초현실주의자들은 그 충동에 저항하려 했지만 그 힘의 매력에는 저항하지 못했다.

'낯익은 낯섦'은 결국 죽음의 충동과 연관된다. 우리의 무의식에는 태어나기 전의 무생물 상태로 되돌아가려는 충동이 존재한다. 자기파괴를 위협하는 사건은 회피해야 하나 죽음의 충동은 주체로 하여금 고통 속에서도 자꾸 그 트라우마로 되돌아가게 만든다. 낯설게 여겨지는 죽음은 원래 우리에게 친숙했던 것, 즉 태어나기 전에 우리는 모두 무생물이었다. 실은 삶 자체가 불안정한 것이어서 그보다 안정적인 것은 차라리 죽음의 상태다. 이 안정의 상태로 회귀하려는 욕망은 존재하지 않는 게 아니라 그저 억압되어 있을 뿐이다. 그 때문에 또한 반복적으로 회귀하는 것이다. 여기서 '억압된 것의 회귀'라는 언캐니의 정의가 성립한다. 그것은 초현실주의자들을 사로잡은 그 은밀한 욕망의 이름이기도 하다.

쾌락 원리를 넘어서

초현실주의에 대한 기존의 관념은 전복되었다. 할 포스터는 초현실주의를 이끈 힘이 '쾌락의 원리'가 아니라 '죽음의 충동'이라고 말한다. 분석의 패러다임이 초기 프로이트에서 후기 프로이트로 바뀐 것이다. 《쾌락 원리의 저편》에서 프로이트는 쾌락 원리를 압도하는 또 다른 원리, 즉 죽음의 충동을 발견한다.[37] 초기 이론에 따르면 고통스러운 기억은 묻어두어야 한다. 하지만 주체는 무의식적으로 자꾸 그 고통스러운 기억으로 돌아가려 한다. 그 이유는 무엇일까? 그에게는 죽음의 상태로 돌아가려는 충동도 동시에 있기 때문이다. 여기서 프로이트는 '자기보존본능 대 성충동의 대립'이라는 초기 모델을 버리고 '삶충동 대 죽음충동의 대립'이라는 새로운 모델을 내세우게 된다.

하지만 초현실주의 운동을 추동한 것이 하필 죽음의 충동이라는 사실은 매우 당혹스러운 결론이 아닐 수 없다. 그 당혹감은 물론 우리만의 것이 아니다. 초현실주의의 대표자에게도 이 사실은 당혹스러울 수밖에 없었다. 초현실주의는 스스로를 무엇보다도 사랑과 해방과 혁명을 위한 운동으로 이해했기 때문이다. 그들은 무의식적 욕망을 해방시키는 것이 곧 문명의 억압으로부터 생명을 회복하는 길이라 믿었다. 따라서 죽음충동과 결부된 초현실주의라는 (바타유 일파의) 생각은 당연히 그들에게 "이단"으로 여겨질 수밖에 없었다.

할 포스터의 말대로 초현실주의가 "언캐니를 가지고 죽음을 선포"했다면, 그것은 결국 자신의 야망을 스스로 공격한 셈이 된다. 이는 자기모순이 아닐 수 없다.

브르통은 끝까지 자신이 쾌락 원리를 따른다고 믿었다. 하지만 할 포스터가 보기에, 브르통이 뭐라고 생각하든 그의 초현실주의는 이미 "쾌락 원칙이 죽음충동의 보조 역할을 하는 지점"까지 나아갔다. 다만 브르통은 이를 끝내 인정하지 않았다. 브르통이 가다가 멈춘 그 길로 나아간 것은 외려 조르주 바타유George Bataille(1897~1962)였다. 그는 "죽음충동에 저항하지 않고 죽음충동을 체계 안에 받아들여 발전시켰다." 여전히 사적 유물론을 신봉했던 브르통과 달리, 바타유는 '기저 유물론'base materialism을 주창했다. "나는 물질이라 불러야 할 것에 완전히 굴복하기로 한다." 여기서 우리는 이성과 문명으로 쌓은 위계를 무너뜨리고 물질로 돌아가려는 죽음충동을 볼 수 있다.[38]

디지털과 언캐니

할 포스터의 연구는 포스트모던의 관점에서 초현실주의를 고쳐 읽으려는 시도라 할 수 있다. 하지만 이 작업이 갖는 의의를 그저 흘러간 미술사를 재해석하는 데 한정해서는 안 될 것이다. 왜냐하면 디지털 기술의 발전과 더불어 한동안 잊혔던 초현실주의적 이미지가 화려하게 복귀하고 있기 때문이다. 오늘날 초현실주의는 차라리 일상이 되어버렸다. 이를테면 대중이 포토샵을 이용해 온갖 종류의 기괴한 합성사진들을 만들어낼 때, 그들은 사실 1920~1930년대에

하타케야마 나오야, 〈폭발〉, 1995년

초현실주의자들이 붓과 물감을 들고 했던 일을 반복하는 셈이다. 주목해야 할 것은 이 책에 초현실주의적 '경이'의 예로 소개된 모든 요소가 오늘날 작가들의 사진에서도 고스란히 발견된다는 점이다.

이를테면 인형과 아이를 합쳐놓은 듯한 로레타 룩스의 사진이나, 인간과 마네킹을 합쳐놓은 듯한 올렉 도우의 모델사진에서 우리는 어렵지 않게 '베일에 가린 에로틱'을 본다. 거기서 생명은 무생물로 돌아가려 한다. 또 한편에서는 디지털 합성 기법으로 만들어진 웬디 맥머도의 도플갱어 사진이 '객관적 우연'으로 표현되는 반복강박을 연상시킨다. 그리고 다른 한편에서, 폭격의 현장을 마치 낭만주의적 폐허처럼 느껴지게 촬영한 사이먼 노포크Simon Norfolk(1963~)의 작품, 고즈넉한 풍경 속에 누운 학살의 희생자를 담은 수전 메이젤라스Susan Meiselas(1948~)의 사진, 혹은 채석장의 발파 순간을 정지화면으로 포착한 하타케야마 나오야畠山直哉(1958~)의 사진 등은 '정지된 폭발'의 예라 할 수 있다. 뤽 들라예Luc Delahaye(1962~)의 말은 이를 뒷받침해준다.

> "전쟁에는 시각적 무질서가, 말하자면 외관들 위에 작동하는 뭔
> 가 비범한 것이 있다. 종종 폐허가 된 도시에서 우리는 형태들이
> 풀어져 있다는 인상을 받는다. 건물은 더는 그 기능에 갇혀 있지
> 않다. 그것은 어느 건축가에 의해 디자인된 이 아름다움의 대상
> 이 아니다. 그것은 모종의 미친 방식으로 다시 살아가기 시작한
> 다. 최종적 붕괴 이전에."³⁹

할 포스터는 초현실주의 작가들 중에서 그동안 별로 주목을 받

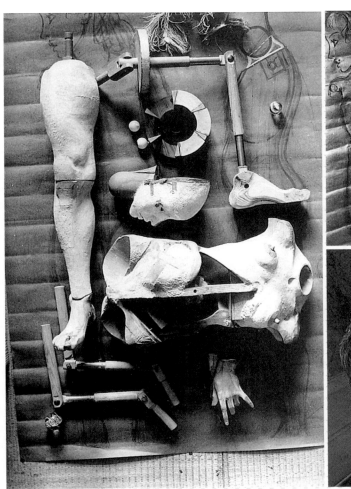
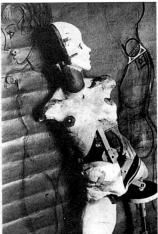

한스 벨머, 사진집 《인형》에 수록된 사진들, 1934년

지 못했던 한스 벨머Hans Bellmer(1902~1975)의 작업을 부각한다. 이 독일의 초현실주의자는 1933년부터 거의 실물 크기(약 56인치)의 구체 관절인형에 온갖 잔혹한 폭행을 가한 작품으로 유명하다. 그의 작업은 열 장의 흑백사진으로 이루어진 사진집 《인형》(1934)을 통해 알려진다.[40] 할 포스터는 한스 벨머의 가학적인 인형 작업이야말로 그저 "성적 욕망을 상징물로 대체하는 승화 작업"에 머물렀던 브르통을 넘어, 탈승화를 통해 "죽음에 이르기까지 삶에 동의"했던 바타유의 철학에 근접했다고 본다. "인형은 시체이며 조각난 신체이고 주체성이 사라지고 난 이후의 신체이자 동시에 주체성이 생기기 이전의 신체다."

흥미로운 것은 최근 벨머와 비슷한 맥락에서 인형을 가지고 작업하는 작가들이 늘어났다는 점이다. 카트린 프라이자거Katrin Freisager(1960~), 키르스텐 가이슬러Kirsten Geisler(1948~), 이네스 반 람스베르데Inez van Lamsweerde(1963~), 빅토리네 뮐러Victorine Müller(1961~), 이브스 네츠하머Yves Netzhammer(1970~), 린 허시먼Lynn Hershman(1948~), 신디 셔먼Cindy Sherman(1954~), 주디 폭스Judy Fox(1957~), 로버트 고버Robert Gober(1954~), 키키 스미스Kiki Smith(1954~) 등 당장 떠오르는 이름만으로도 이미 기다란 리스트가 만들어진다. 이 모두는 디지털 테크놀로지와 더불어 '언캐니'가 시각문화의 주요한 미적 범주로 복귀했음을 시사한다.[41]

물론 산업화와 기계화로 신체가 트라우마를 겪었던 20세기 초반과 지금의 상황은 전혀 다르다. 당시는 세계대전이라는 기계화한 전쟁 속에서 인간의 신체가 유린되던 시절이었다. 하지만 정보화 단계로 접어든 오늘날에는 '인간의 기계화'가 아니라 거꾸로 '기계

카트린 프라이자거, 〈피피로티〉, 1995년

이네스 반 람스베르데, 〈사샤〉, 1992년

의 인간화'가 진행되고 있다. 오늘날 인간과 기계, 생물과 무생물의 경계가 무너진다면, 그것은 인간이 무생물로 격하되기 때문이 아니라 기계가 생물로 진화하기 때문이다. 이 시대의 언캐니는 초현실주의가 아니라 차라리 초합리주의의 산물이다. 오늘날 언캐니는 억압되지 않고 외려 권장되는 것처럼 보인다. 기묘한 유미화를 통해 '언캐니'는 새로운 미의 이상으로 떠오르고 있다. 이는 '언캐니'에서 더는 과거에 초현실주의가 노리던 해방적 역할을 기대하기가 힘들어졌음을 의미한다.

디지털 합성의 기술은 이미지의 제작에서 '언캐니'한 효과를 만들어
내는 데 필요한 기술적 조건을 제공해준다. 하지만 오늘날 '합성'
의 기술은 그저 이미지의 영역에 머물지 않는다. 후기생물학의
시대에 유전자 조작을 통한 생명의 합성은 과학과 기술의 일상
이 되었다. 인간과 동물의 종간 장벽을 뛰어넘으려는 시도는
작가들에게 예술적 영감의 원천이 되어주었다. 여기서는 사
진, 조각, 영화 등 다양한 영역에서 이 트랜스 휴먼의 상상
력을 표현한 작품들을 살펴볼 것이다. '반인반수'라는 고대의
판타지는 오늘날 '키메라'와 '아바타'를 통해 현실로 나타나고
있다.

8장 휴브리스와 네메시스

28

디지털 키메라

"약 10년 전에 나는 비디오 게임 애니메이션을 보다가 컴퓨터그래픽에 끌렸다. 그때 컴퓨터 테크놀로지가 어쩐지 내 사진 작업과 연결되리라는 직관을 가졌다. 오늘날 내 사진의 대부분은 디지털 조작을 거친 것들이다. 나는 컴퓨터가 현실에 개입하여 그것을 재구성할 수 있게 해주는 놀라운 도구라고 생각한다. 만화와 영화도 내게 많은 영향을 주었다. 이 세 가지 구성요소는 내 허구적 사진을 추구하는 데 정말로 큰 도움이 되었다."[1]

브라질의 작가 밀턴 몬테네그로Milton Montenegro(1954~)의 말이다. 최근에는 "내 작업이 비트와 픽셀로 넘어간 것은 아니"라며 디지털 합성을 제 경력의 한순간으로 치부하지만, 그의 의지와 관계없이 그는 디지털 사진의 거장으로 꼽힌다. 그의 연작 〈성운〉(1998)은 그리스 신화를 생생한 사진으로 재현한다. 물론 그리스 신화는 서구 예술의 주요한 원천으로 예로부터 수많은 예술가가 이 제재를 다루어왔지만, 그 누구도 사진에 필적하는 리얼리즘에는 도달할 수 없었다. 그러나 디지털의 등장과 더불어 상황은 달라졌다. 상용화한 하드웨어(매킨토시 컴퓨터)와 소프트웨어Hires QFX, Topas만을 이용해 몬테네그로가 되살려낸 반인반수들은 너무나 리얼해 차라리 그것들의 실재를 믿고 싶어질 정도다.

기술형상으로 부활한 신화

⟨켄타우로⟩Centauro에는 인간과 말, 암석과 하늘을 찍은 네 장의 사진이 사용되었다. ⟨미노타우로⟩Minotauro의 경우 농장에서 촬영한 소의 머리, 스튜디오에서 포즈를 취한 배우의 몸통을 하나로 합성했다고 한다. 미노타우로스가 앉아 있는 왕좌는 '토파스 프로그램'으로 생성해낸 순수 가상으로 실제로는 존재하지 않는다. ⟨사티로⟩ Satiro의 이미지는 염소의 하체와 인간의 상체를 합성한 것으로, 마치 모발이식수술을 하듯 인간의 피부에 염소의 털을 한 올 한 올 심는 수고를 거쳐 완성한 것이다. 염소는 네 다리로 걷지만 사티로스는 두 다리로 걷기에, 염소가 두 다리로 일어서는 장면을 포착하느라 애를 먹었다고 한다. 합성의 재료로 사용된 연작의 모든 사진은 'Tri-X 400 ASA'로 촬영했다.

이 연작의 영감은 어린 시절에 읽은 책에서 나왔다. 몬테네그로는 어릴 적 즐겨 읽던 몬테이로 로바토의 《미노타우로》라는 책을 통해 그리스 신화 속 이야기들을 알게 되었다. 실제로 그가 만든 ⟨미노타우로⟩ 이미지는 어린 시절에 읽었던 그 책의 표지를 그대로 재현한 것이라고 한다. 회화나 소묘로 그려지던 미노타우로스를 그는 사진으로 바꾸어놓았다. 아동기에 자신이 하던 상상을 성인이 되어 기술로 실현한 결과, 놀랍도록 신빙성 있는 기술형상이 탄생한 것이다. 이 허구적 형상들을 만들어낸 조작의 완벽성은 물론 디지털 매체의 특성에서 비롯된다. 디지털 사진에는 네거티브가 없기에 정보의 표면 위에서 전자의 배열을 바꾸어놓는 것만으로도 완벽한 합성이 가능하다.

조작의 완벽성은 '진실의 기록'이라는 사진의 전통 관념을 고수하는 이들을 불안하게 만든다. 사실을 기록하고 진실을 재현해야 하는 포토저널리스트들의 경우, 완벽한 조작을 가능하게 하는 이 새로운 기술이 자신들이 하는 작업의 기반을 무너뜨리지 않을까 우려한다. 어느 인터뷰에서 몬테네그로는 그 우려를 이렇게 반박한다.

"내 입장에서는 무엇이 윤리적 조작인지 규정하기가 어렵다고 봅니다. 이미지 조작은 굳이 디지털 기술이 없더라도 얼마든지 가능하니까요. 이를테면 카메라를 삼각대 위에 놓은 후 노출시간을 길게 해놓은 채 당신으로 하여금 그 앞을 지나가게 한다고 합시다. 그것만으로도 디지털 기술 없이 온갖 흐릿한 영상을 얻어낼 수 있지요. 내 작업의 성격상 나는 사진을 기록이라거나 진리의 재현이라 보지 않습니다."[2]

그는 디지털 사진과 아날로그 사진 사이에 원리적 차이가 있다는 사실을 부정한다. 디지털로 가능한 조작이라면 아날로그로도 얼마든지 가능하다는 것이다. 몬테네그로가 사진의 기록적 성격, 재현적 성격을 부정하는 것은 광고사진을 찍어온 그의 경력과 관련될 것이다. 프랑스의 철학자 자크 데리다 Jacques Derrida (1930~2004) 역시 어느 인터뷰에서 비슷한 생각을 피력한 바 있다.

"고전적 의미의 사진에도 이미지의 기록만큼이나 이미지의 생산이 있다고 할 수는 없을까요? (⋯⋯) 사진에도 온갖 종류의 이니셔티브가 존재한다는 것을 기억해야 합니다. 프레임의 선택만

밀턴 몬테네그로, 〈켄타우로〉, 1998년

밀턴 몬테네그로, 〈미노타우로〉, 1997년

밀턴 몬테네그로, 〈사티로〉, 1998년

밀턴 몬테네그로, 〈켄타우라〉, 1998년

밀턴 몬테네그로, 〈하르피아〉, 1997년

밀턴 몬테네그로, 〈케르베로〉, 1999년

이 아니라 시점의 선택, 조명의 선택, 조리개의 선택, 밝은 조명
이냐 어두운 조명이냐의 선택 등등. 이런 개입은 오늘날 디지털
화상 처리와 같은 성격의 것입니다."[3]

데리다가 사진의 기록성을 상대화하는 것은 물론 초월적 기의
를 부정하는 그의 철학과 관련이 있다. 데리다에 따르면 기표(기호)
는 기의(지시체)와 결코 확정적으로 연결될 수 없다. 이렇게 몬테네
그로는 실천적 이유에서, 데리다는 이론적 이유에서 각각 사진을
'기록'이나 '재현'으로만 보기를 거부한다. 그들의 견해에 따르면,
아날로그 시절에도 사진은 이미 '존재하는 현실을 기록'하는 수준
을 넘어 늘 '존재하지 않는 현실을 생산'해왔다. 이들 말대로 디지
털 조작과 아날로그 조작이 본질적으로 같은지는 모르겠다. 한 가
지 분명한 것은 디지털과 더불어 카메라가 수동적 매체에서 능동적
매체로, 즉 이미지를 '기록'하던 매체에서 이미지를 '생산'하는 매
체로 변신을 완료했다는 점이다.

신화에서 철학으로

몬테네그로가 생산한 이미지의 정체는 무엇일까? 그의 사진에 등
장하는 괴물들을 유전공학에서는 흔히 '키메라'라 부른다. 이는 물
론 그리스 신화에서 차용한 명칭인데, 좀 더 정확히 말하면 신화에
서 '키메라'는 원래 사자의 머리와 큰 뱀의 꼬리와 염소 암컷의 몸
통을 한 괴물을 가리켰다. 플라톤의 대화편에는 간략하게나마 키메
라에 관한 언급이 등장한다. 《국가론》 9권에서 소크라테스가 글라

우콘과 대화를 나누는 대목이다.

> "혼의 상 eikon을 말로써 형상화해봄세."
> "어떤 상을 말하시는 겁니까?"
> "옛날에 있었던 것으로 이야기하는 생물들 중의 어떤 것일세. 즉 키마이라와 스킬레도, 케르베로스, 그 밖의 수많은 것이 여러 형태가 하나로 합쳐져 하나로 되었다고 이야기하네."
> "실상 그렇게들 이야기하고 있지요."
> "그러면 다채롭고 여러 개의 머리를 가진 형태의 짐승을 형상화하되, 일부는 유순한 짐승들의 머리를 갖고 일부는 사나운 짐승들의 머리를 가진 걸로 (……) 형상화하게나."
> "그건 놀라운 조각가가 할 일이군요."[4]

소크라테스는 세 부분으로 이루어진 인간의 영혼을 표상하는 시각적 은유로서 키메라, 스켈레도, 케르베로스를 끌어들인다. 우리의 세계에는 인간과 짐승만이 존재하지만 그리스인의 세계에는 거주자가 더 많았다. 올림포스 산정의 신들, 에로스와 같은 반신반인, 켄타우로스 같은 반인반수, 키메라나 메두사 같은 괴수. 물론 소크라테스가 키메라나 스켈레도나 케르베로스 같은 괴물들의 실재를 믿었을 것 같지는 않다(그 대목은 "옛날에 있었던 것으로 이야기하는……"이라고 간접화법으로 처리되어 있다). 철학적 사유는 바로 신화적 상상력과 싸우는 과정에서 탄생했기 때문이다.

"그건 놀라운 조각가가 할 일이군요"라는 글라우콘의 말대로 신화적 상상에 물질성을 부여하는 것이 예술가의 할 일이다. 그래서 플라톤은 예술가를 경계했다. 로마의 시인 호라티우스도 상상력을 경계했다. "화가가 인간의 머리를 말의 목에 달아놓거나 (……) 아름다운 여인의 상체에 흉측한 물고기의 꼬리를 달아놓는다면 (……) 우습지 않겠는가?"[5] 상상의 자유는 존중되지만 그것이 "집짐승과 들짐승, 뱀과 새, 양과 호랑이를 섞어놓는 정도까지는 아니"라는 것이다. 중세의 기독교도 환상적 이미지를 불신했다. 교부 아우구스티누스는 신의 형상을 닮은 인간을 동물과 섞어놓는 것을 죄악으로 간주했고, 토마스 아퀴나스는 괴상한 형상을 만들어내는 장인들에게 '신의 창조 질서에서 벗어나지 말 것'을 명했다.[6]

근대인들 역시 이성적 존재가 되기 위해 상상력과 싸움을 벌였다. 인간이 이성적 존재가 되려면 "가능한 한 주의하여 정신으로 하여금 상상력을 멀리하게 해야" 한다는 것이다.[7] 데카르트에게 상상력이란 그저 오류의 근원일 뿐이었다. 존재하는 것들의 요소를 제멋대로 결합해 허구의 존재를 만들어내 그것을 마치 실제로 존재하는 것인 양 우리 눈앞에 내놓기 때문이다. 그가 몬테네그로의 이미지를 봤다면, 아마 상상력의 위험성을 보여주는 대표적 사례로 꼽았을 것이다. 이렇게 오랜 시간에 걸쳐 신화적 상상은 점차 철학적 사유에 밀려나고, 허구와 실재를 넘나드는 '상상력'은 허구와 실재를 구별하는 '분별력'에 자리를 내주게 되었다.

신화의 복귀

한때 한 역사적 민족의 세계관이었던 신화는 합리적 사유가 관철되면서 아동문학의 영역으로 들어간다. 그런 의미에서 어린 시절에 읽은 신화에서 작업의 영감을 얻었다는 몬테네그로의 일화는 매우 상징적이다. 개체발생이 계통발생을 반복하듯이 그의 개인사는 인류의 역사를 요약하는 듯하다. 이미지로 표현되던 신화적 사유는 어느 시점에선가 텍스트로 기록되는 역사적 사유에 밀려났다. 하지만 그렇게 밀려났던 이미지가 화려하게 부활하고 있다. 월터 옹 Walter J. Ong(1912~2003)의 말대로 "미디어는 의식을 재구조화"한다.[8] 문자가 이성적·역사적 의식을 만들어낸다면, 영상은 신화적·서사적 의식을 만들어낸다. 몬테네그로의 연작은 이미지와 더불어 돌아온 신화적·서사적 의식, 즉 스토리텔링의 사진이라 할 수 있다.

　　이는 단순한 복귀를 의미하는 게 아니다. 차라리 역사적으로 선행한 두 가지 사유―신화적 상상과 과학적 이성―의 종합으로 보는 게 옳을 것이다. 〈성운〉 연작을 통해 몬테네그로는 고대 그리스의 "놀라운 조각가가 할 일"을 해냈다. 하지만 그 일을 하기 위해 디지털 카메라와 이미지 프로세싱 프로그램을 동원해야 했다. 그의 이미지는 미노타우로스 그림도, 켄타우로스 조각도 아니다. 그의 키메라들은 현실에 대한 가장 과학적 재현으로 여겨지는 사진의 형태로 존재한다. 신화적 상상의 산물들을 거의 '유사―실재'로 되살려놓은 것은 바로 과학적 이성의 산물인 디지털 테크놀로지였다. 여기서 오랜 갈등의 상대였던 신화와 과학은 하나가 된다.

　　과거에는 괴물이 두 종류밖에 없었다. 신화에 나오는 허구적 fabulous 괴물과 유전자 변이로 태어난 생물학적biological 괴물이 그것이다. 후자, 즉 자연의 돌연변이에 대해서는 이미 고대에 히포크라테스와 아리스토텔레스가 글을 남긴 바 있다.[9] 허구적 괴물은 인

1984년 케임브리지 대학 동물생리학연구소에서 만든 양-염소 키메라 '지프'

간이 만들어낼 수 있으나 실재할 수 없고, 생물학적 괴물은 실재하나 인간이 만들어낼 수가 없다. 그런데 신화와 과학이 결합하면 사정이 달라진다. 1984년 영국 케임브리지 대학 동물생리학연구소에서 《네이처》지에 편지를 보낸다. "우리는 여기에 수정란 조작을 통한 양–염소 키메라의 생산 및 양과 염소에 성공적 종간 수정란 이식을 허용하는 종간 키메리즘의 사용을 보고한다."[10] 이 키메라는 염소와 양의 이름을 합쳐 '지프'geep로 명명되었다.

29

횡단과 변이

매튜 바니Matthew Barney(1967~)는 〈크리마스터〉(1994~2002) 연작을 통해 단번에 현대미술의 총아로 떠올랐다. 8년에 걸쳐 제작된 이 유명 연작은 모두 다섯 편의 장편영화로 이루어진다. 살바도르 달리가 루이 부뉴엘과 〈안달루시아의 개〉(1929)를 발표한 지 수십 년 만에 조형예술의 맥락에서 제작하는 영화의 전통이 화려하게 되살아난 셈이다. 비록 영화가 주축을 이루지만 작품은 조각과 사진을 포함한 설치예술로서 주로 미술관에서 선보인다. 어떤 의미에서 이 연작은 바그너의 총체예술Gesamtkunstwerk 이념을 되살려냈다고 할 수 있다. 국내에서는 1999년 아트선재에서 1편과 5편이 소개되었고, 2005년에는 '리움'에서 열린 〈구속의 드로잉〉 전시회를 계기로 전작이 상영된 바 있다.

크리마스터

'크리마스터'cremaster는 '매달다'라는 뜻의 그리스어 '크레마니니'κρεμάννυμι에서 유래한 말로, 고환을 감싼 음낭을 올리거나 내리는 근육을 가리킨다. 이 근육은 날씨가 더우면 음낭을 내려 늘어뜨리고 추우면 음낭을 당겨 팽팽히 함으로써 남성의 체온을 정자 생산에 적합한 상태로 유지하는 일을 한다. 이 연작은 여성의 자궁이

매튜 바니, 〈크리마스터〉 4편('C4')의 장면들, 1994년

위를 향하고 남성의 음경이 아래를 향하는 데 착안한 것이다. 인간의 태아는 수정된 지 6주가 지나면서 성별이 결정되는데, 이때 여아의 난소는 위로 올라가고 남아의 정소는 아래로 내려간다. 〈크리마스터〉는 부담스러울 정도로 강렬한 이미지로 이 성기기性器期 이전의 상태를 암시한다. 〈크리마스터〉 전작의 전시회를 기획한 구겐하임 미술관 큐레이터의 말을 들어보자.

> 〈크리마스터〉 연작은 개인적 삶의 시기에서 시작하여 과거로 몇 세기를 거슬러 올라가지만 동시에 그것은 거기에 비하면 한없이 짧기만 한 시간, 즉 태아 발달의 처음 6주간을 묘사하기도 한다. 잠깐 스쳐 지나가는 이 기간 동안에, 이제 막 형성된 태아는 순전히 잠재적이다. 아직 남성도 아니고 여성도 아닌 상태에서 태아는 성별gender의 상호결정성interdeterminacy 영역 위에서 떠돈다. (……) 그것은 가능성의 영역을 차지한다. 그것은 차이의 순간, 즉 미래의 모든 생각과 행동을 특징지을 '이것 아니면 저것' either-or의 순간 앞에서 머뭇거린다. 〈크리마스터〉 연작은 이 국면을 무한정 연장하는 것을 꿈꾸며 분화를 향하는 집요한 추동력에 저항한다. 연작의 다섯 편은 규정에 대항하는 내적 갈등을 성찰하면서 온전한 상승에서 완전한 하강에 이르는 과정을 추적한다.[11]

〈크리마스터〉 1편은 생식소가 가장 높이 올라온 상태, 5편은 가장 내려와 있는 상태를 표현했다고 한다. 여기서 '상승'은 물론 여성화를, '하강'은 남성화를 의미한다. 연작에서 가장 생물학적 뉘앙스를 풍기는 것은 제일 먼저 제작된 〈크리마스터〉 4편이다. 여기서는 영국의 맨섬Isle of Man을 배경으로 노란 유니폼을 입은 '상승' 팀과 파란 유니폼을 입은 '하강' 팀이 서로 반대 방향으로 달리는 모터사이클 경주를 벌인다. 이 섬에 사는 '러프턴 양'Loughton ram은 두 쌍의 뿔을 갖고 있는데, 한 쌍은 위로 자라고 다른 한 쌍은 아래로 자란다. 이렇게 상승과 하강을 오가며 연작 전체를 관통하는 욕망은 성적 분화에 저항하려는 충동이다.

트랜스젠더, 트랜스베스티, 성전환수술 등 성적 분화 이전으로 돌아가려는 욕망은 현대의 일상적 풍경이 되었다. 〈크리마스터〉 연작 곳곳(이하 편수와 함께 'C1', 'C4', 'C5' 등으로 표기)에는 이 욕망을 대변하듯 분화하지 않은 성의 이미지가 등장한다. 이를테면 C1에서는 포도알의 배열과 무용수의 대열이 자웅동체의 생식기관을 그리며 순수 잠재성의 상태를 상징한다. C4에는 여성의 얼굴에 남성의 신체를 가진 세 명의 양성구유 요정이 등장한다. 연작 속에서 매튜 바니 역시 주로 거세된 남성으로 나타난다. 이를테면 C2에서 길모어로 분한 그가 수술대 위에서 드러낸 성기에는 고환이 달려 있지 않다(신생아의 3퍼센트, 미숙아의 30퍼센트 정도는 고환이 복부에 머물러 있는 기형으로 태어난다고 한다). 이 잠복 고환은 물론 성적 분화가 이루어지지 않은 전前성기기의 상징이다.

C4에서 매튜 바니는 양의 머리를 가진 '러프턴 후보'Loughton candidate로 출연한다. 영화는 그가 거울을 보며 머리를 빗는 장면으로 시작한다. 빗으로 붉은 머리카락을 헤치자 네 개의 뿔 자리가 드러난다. 머잖아 거기에도 서로 반대 방향으로 자라는 두 쌍의 뿔이 자라날 것이다. '상승'하고 '하강'하는 뿔을 가졌다는 것은 성적 결

정과 비결정 사이의 길항작용을 상징한다. C4의 마지막 장면에서
매튜 바니는 사타구니에 리본을 달아 그것을 위로 끌어올린다. C5
에도 비슷한 장면이 나온다. 거인을 둘러싼 요정들이 새들에게 연
결된 리본으로 그의 음낭을 묶는데, 이는 생식샘을 '상승'시키려는
몸부림으로 보인다. 하지만 상승의 시도는 최종적으로 좌절한다.
따뜻한 온천물 속에서 거인의 음낭은 아래로 늘어지고, 날아올랐던
새들은 다시 아래로 떨어진다.[12]

앙티 오이디푸스

매튜 바니의 발상은 멀리 마르셀 뒤샹Marcel Duchamp(1887~1968)으
로 거슬러 올라간다. 만 레이가 촬영한 사진(〈로즈 셀라비로 분한 마
르셀 뒤샹〉, 1920~1921년경) 속의 뒤샹은 여성 복장을 하고 있다. 이
는 물론 변기로 예술의 경계를 허문 것처럼 성의 경계를 뒤흔들어
놓으려는 전략이다. 그런가 하면 뒤샹 역시 자신을 산양으로 연출
한 적이 있다. 1924년 그는 사적으로 '몬테카를로 채권'을 발행한
다. 자신이 발명한 룰렛 게임을 시험하러 몬테카를로로 가기 위한
경비를 마련하기 위해서였다고 한다. 이 채권의 상단에는 역시 만
레이가 촬영한 뒤샹의 사진이 찍혀 있는데 그 속의 뒤샹은 산양처
럼 거대한 뿔을 가진 키메라다. 두 개의 뿔은 머리에 비누거품(혹은
면도크림)을 발라 연출한 것이다.

성적 분화를 거부하는 매튜 바니의 작업은 어쩔 수 없이 들뢰
즈·가타리의《앙티 오이디푸스》를 연상시킨다. 프로이트는 오이디
푸스 콤플렉스의 바탕에 거세 공포가 깔려 있다고 말한다. 하지만

매튜 바니, 〈크리마스터〉 4편 일부, 1994년

만 레이, 〈로즈 셀라비로 분한 마르셀 뒤샹〉, 1921년

마르셀 뒤샹,
〈몬테카를로 채권〉,
1924년

〈크리마스터〉에서 우리가 보는 것은 외려 거세에 대한 열망, 즉 앙티 오이디푸스의 욕망이다. 그 속의 인물들은 종종 고환이나 음경이 없다. 프로이트는 성적 정체성의 혼란을 '치료해야 할 비정상'으로 보았다. 하지만 매튜 바니는 정상화하는 권력을 거부하고 남성과 여성 사이의 횡단, 인간과 동물 사이의 변이를 추구한다. 〈크리마스터〉에 나타난 매튜 바니의 심리는 개체발생 후 6주 이전에 고착되어 있는 것처럼 보인다. 이 시기의 태아는 엄마의 자궁 속에서 순수한 잠재성의 상태, 글자 그대로 '기관 없는 신체'cso의 상태를 유지한다.

프로이트주의의 가부장적 성격에 대해서는 그동안 많은 비판이 행해졌다. 사실 환자로부터 내밀한 고백을 듣는 프로이트는 신도로부터 내밀한 고해를 받는 사제와 닮았다. 어떤 의미에서 프로이트주의 역시 세속적인 사목권력인지도 모른다. 들뢰즈는 유기체, 즉 기관으로 분화한 신체를 "신의 심판"이라 부른다. 신은 우리에게 이렇게 말한다.

> 너는 조직화되고 유기체가 되어 네 몸을 분절해야 한다. 그렇지
> 않으면 너는 변태에 불과하게 된다. 너는 기표와 기의, 해석자와
> 해석대상이 되어야 한다. 그렇지 않으면 너는 일탈자에 불과하
> 게 된다. 너는 언표행위의 주체가 되어야 한다. 그렇지 않으면
> 너는 떠돌이에 불과하게 된다.[13]

〈크리마스터〉에는 대사가 거의 등장하지 않는다. 선형성을 탈피한 서사는 명확한 해석을 거부한 채 막연한 연상과 모호한 암시,

매튜 바니, 〈크리마스터〉 3편, 2002년

부유하는 상징의 놀이를 펼친다. 그 속의 신체들은 순수한 잠재성의 지대, 즉 남성과 여성의 경계가 발생하기 이전의 상태로 돌아가려 한다. 성적 분화는 비가역적인 것이지만 가역적으로 정체성을 선택하려는 욕망 역시 그에 못지않게 필연적이다. 20세기 후반부터 수많은 화가가 자신의 신체를 예술의 주제로 삼았다. 오를랑Saint Orlan(1947~)은 성형수술을 받는 퍼포먼스를 연출했고, 스텔락은 자신의 몸에 장기를 이식하는 퍼포먼스를 벌였다. 인간은 자기 신체를 자기가 형성하는 단계에 이르렀다. 자아는 주어진 것이 아니라 디자인되는 것이다.

현대사회는 인간의 신체를 '변형가능한'trnasformable 것으로 바라보기 시작했다. 하지만 이를 위해 매튜 바니가 몸에 칼을 대는 것은 아니다. 그 대신에 영화적 기법을 활용해 시각적 과잉이라 할 만큼 현란한 이미지의 향연을 연출한다. 거의 변태적으로 보이는 이 이미지의 폭격은 무엇을 위한 것일까? 신화에 따르면 '휴브리스'ὓβρις, 즉 신이 정한 질서를 거부하는 오만은 '네메시스'Nὲμεσις, 즉 처벌의 대상이 된다. 이를테면 아폴론에게 도전했던 사티로스 마르시아스는 껍질이 벗겨지는 형벌을 받았다. 신의 질서를 거부하는 휴브리스에 대한 현대적 네메시스는 아마도 '변태', '일탈자', '떠돌이'로 낙인찍는 것이리라. 〈크리마스터〉 전시회 카탈로그에 기고한 글에 낸시 스펙터는 매우 인상적인 제목을 붙였다. "오직 변태적인 것만이 우리를 구원할 수 있다."

들뢰즈·가타리는 "창조적 역행"을 인간과 동물의 경계로까지 확장시킨다. 그들이 말하는 '동물-되기'는 그저 '퇴행'이 아니라, 기관의 영토화를 무효화함으로써 다시 모든 것으로 분화할 잠재성으로 되돌아가는 "창조적 역행"이라고 한다.[14] 이런 인식은 카프카의 〈변신〉에 대한 앤티 오이디푸스적 독해로 이어진다. 들뢰즈·가타리는 카프카의 벌레-되기를 일종의 탈영토화 전략으로 해석한다. 가족관계와 자본주의의 질서 속에서 질식되어가던 그레고르 잠자Gregor Samsa는 벌레가 됨으로써 비로소 그 억압의 상황에서 빠져나온다.[15] 《감각의 논리》에서 들뢰즈는 동물-되기의 또 다른 예를 제시한다. 프랜시스 베이컨Francis Bacon(1909~1992)은 종종 인간과 개, 인간과 소를 한몸으로 만든다.[16]

　　매튜 바니 역시 들뢰즈의 '동물-되기'를 실천한다. C4에 등장하는 '러프턴 후보'는 산양의 머리를 가진 사티로스 형상이다. C5에 등장하는 '거인'Her Giant은 미노타우로스 혹은 켄타우로스처럼 굽이 달린 발을 갖고 있다. 그에 못지않게 인상적인 것이 C3의 프리메이슨 '입단식'에 등장하는 치타-여성. 이 키메라 역을 맡은 것은 에이미 멀린스Aimee Mullins(1976~)였다. 그녀는 선천성 비골 무형성증으로 한 살이 되던 해에 무릎 아래를 절단했지만, 스프링 의족을 달고 장애인 육상선수로 뛰어난 성적을 거두었으며 배우와 모델로도 활동해왔다. 또 다른 작품인 〈구속된 드로잉〉에도 비슷한 예가 등장한다. 거기서 바니는 아내와 함께 하반신을 칼로 잘라내고 고래로 변신한다.

〈크리마스터〉 3편에서 '치타-여성'으로 분했던 에이미 멀린스

　　변이를 통해 종간 장벽을 횡단하려는 욕망은 그저 인간/동물
의 경계에만 존재하는 게 아니다. 바니의 환상 속에서 스프링 의족
은 치타의 뒷다리가 되고, 발굽을 가진 거인의 신체는 하얀 대리석
조각이 되려 한다. 신체와 기계 사이의 경계도 사라져 하늘을 떠도
는 비행선은 여성의 난소가 되고, 맨섬을 질주하는 모터사이클은
정소가 된다. 바니의 환상 속에서 인간, 동물, 자동차, 건물, 풍경은
서로 구별되는 실체가 아니라 상호 관통하는 영역을 형성한다. 확
립된 사물의 분류taxonomy란 그저 현상에 불과하며, 그 껍질 아래에
는 끝없이 변신하는 물질의 세계가 놓여 있다. 매튜 바니의 작품에
자주 등장하는 점액질(피, 용연향, 고랫기름), 그가 조각의 재료로 사
용하는 바셀린은 그 순수한 잠재성의 물질을 상징한다.[17]

오비디우스의 《변신》Metamorphosis에는 동물과 식물과 인간 사이의 장벽이 존재하지 않는다. 〈크리마스터〉는 현대의 서사시, 즉 영화의 언어로 이 신화적 세계관을 다시 불러내는 일종의 '신화-기계'라 할 수 있다.[18] 하지만 이는 고대의 신화적 의식으로 되돌아감을 의미하는 게 아니다. 변이를 통해 종간의 장벽을 횡단하는 것은 오늘날 기술적 현실이 되었다. 우리는 수술을 통해 성을 전환하고 유전자 조작으로 괴물을 창조한다. 이로써 '명석판명'이라는 고전적 인식의 이상은 무너진다. 매튜 바니가 제시하는 것은 물질들 사이에 자유로운 변이와 일탈과 횡단이 일어나는 대안적 세계다. 〈크리마스터〉는 신화학과 지질학과 생물학을 결합시킨 트랜스휴먼의 '자연사'historia naturalis라 할 수 있다.

30

인공성과 동물성

어미 돼지가 새끼들에게 젖을 먹이는 평범한 장면이지만 어딘가 섬뜩한 느낌을 주는 이미지, 그것은 이 생물이 우리에게 알려진 동물의 분류표를 벗어나 있기 때문일 것이다. 제일 먼저 눈에 띄는 것은 털이 없는 매끈한 피부, 핏줄까지 선명하게 비친다. 다음으로 눈에 들어오는 것은 팔과 다리로 돼지보다는 차라리 인간의 팔다리를 닮았다. 돼지는 이른바 우제류偶蹄類에 속하나, 저놈은 둘로 갈라진 발굽 대신에 각각 다섯 개의 가락이 달린 손과 발을 가지고 있다. 이마에 패인 주름과 새끼를 바라보는 그윽한 눈길 역시 영락없이 인간의 것이다. 누워 있는 새끼의 자세도 인간의 아기를 닮았다. 마치 컴퓨터그래픽의 모핑 기법으로 돼지와 인간을 합성해놓은 것처럼 보인다.

환상의 동물들

호주의 작가 패트리샤 피치니니Patricia Piccinini(1965~)는 상상으로 유전자를 변형시켜 실리콘으로 새로운 종種을 창조한다. 머리에 떠오른 잡종의 이미지를 먼저 종이 위에 그리고, 이어서 그것을 3D 조각으로 제작하는데, 묘사가 워낙 정교하여 언뜻 보면 정말로 살아 있는 생물처럼 느껴진다. 이 정교함은 종종 실물로 착각되는 두

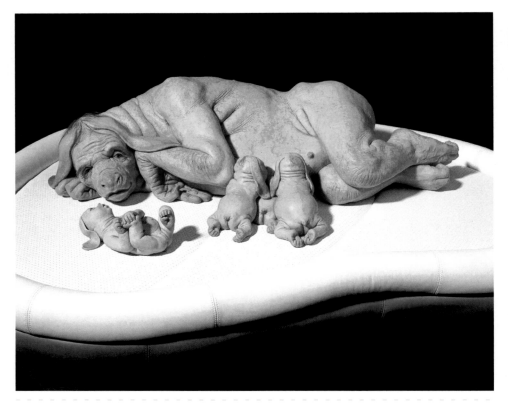

패트리샤 피치니니, 〈젊은 가족〉, 2002년

안 핸슨Duane Hanson(1925~1996)의 하이퍼리얼리즘 조각에 견줄 만하다. 하지만 똑같이 극사실 기법을 사용한다 해도, 핸슨의 작품과 피치니니의 작품 사이에는 중요한 차이가 존재한다. 핸슨이 팝아트와 결합하여 주로 청소부, 관광객, 쇼핑객 등 이미 존재하는 현실의 일상을 재현한다면, 피치니니는 생명공학의 상상력을 가지고 아직 오지 않은 미래의 환상을 현시한다.

피치니니의 작업은 최근 생물학의 발전, 특히 분자생물학이 합성생물학synthetic biology의 국면으로 접어든 것과 관련이 있다. 이미 생물학은 기존의 유전자를 기술하고 분석할 뿐 아니라 자연에 존재하지 않는 유전자 배열을 구축하고 있다. 피치니니가 합성생명을 만든 직접적 계기는 과학자들이 최초로 순수한 합성유기체를 만들어내는 데 성공했다는 소식이었다. 과학자들은 오로지 화학물질만을 사용하여 거의 무無로부터 새로운 DNA를 만들어냈는데, 생명을 이루는 벽돌이나 다름없는 이 새로운 유기체에는 'SO1'synthetic organism 1이라는 이름이 붙여졌다. 이 소식을 접한 피치니니는 SO1의 뒤를 이을 차세대 합성유기체 SO2를 제작하고, 거기에 '사이렌 몰'Siren Mole이라 이름 붙였다.

비록 상상의 동물이지만 사이렌 몰을 동물학자들에게 보여준다면 아마 양서류로 분류할 것이다. 인공으로 게놈을 합성해 겨우 박테리아에 근접한 생명을 만들어낸 것이 2008년의 일. 두 번째 합성유기체so2가 DNA 수준so1에서 갑자기 양서류로 비약한 데는, 엄밀히 말하면 뭔가 개념적 혼동이 있었다. 현재의 기술적 수준에서 볼 때, 사이렌 몰은 화학물질로 만든 인공생물이라기보다 기존 생물의 유전자를 변형해 만든 괴물에 가깝기 때문이다. 하지만 피

치니니 자신이 강조하듯이, 그녀의 상상력은 엄밀한 과학자들의 그
것이 아니라, 매체를 통해 그들의 새로운 업적에 대해 전해 듣는 아
마추어 대중의 것이다. 그런 의미에서 그녀의 작품은 대중과학의
키치 혹은 팝아트라 할 수 있다.

피치니니는 기계장치를 이용해 사이렌 몰에 움직임을 주기도
했다. 2000년 그녀는 호주 멜버른 동물원의 우리 안에 슬쩍 자신이
창작한 가상의 생명체를 집어넣었다. 일종의 키네틱 혹은 로보틱
아트인 셈인데, 덕분에 동물원을 찾는 방문객들은 동물도감에 없는
이 생물의 정체를 파악하느라 당혹스러워했다고 한다.[19] 고립된 환
경에서 특수한 진화의 길을 걸어온 땅인 호주에는 워낙 독특한 동
물이 많아, "호주에 살지 않는 관객들은 종종 그 어떤 종류의 환상
적 동물을 제시해도 그것이 여기 실제로 존재한다고 기꺼이 믿으
려" 한다.[20] 조류와 포유류가 뒤섞인 오리너구리가 사는 곳이라면,
도롱뇽의 외모에 두더지의 습성을 합쳐놓은 듯한 생명이 있을 법도
하다. 작가는 말한다.

> "나는 의도적으로 지나치게 많은 SF나 호러가 들어가지 않게 한
> 다. 그것들은 진짜 동물일 가능성에 뿌리를 두고 있다. 이 피조물
> 들은 쉽사리 진짜로 받아들여진다. 그 정도 기괴한 것들은 진짜
> 동물의 세계에도 얼마든지 있잖은가. 이 생물들과 관련한 특별한
> 생명-유전자-기술의 발견물들이 그러하듯이, 괴상하고 믿기
> 어려운 것이 거의 즉각적으로 명백하고 범상한 것이 된다."[21]

패트리샤 피치니니, 〈새끼들〉, 2010년

혐오와 감정이입

몇 해 전 그의 작품이 한국에서도 진위 논란을 불러일으킨 적이 있었다. 그의 괴물을 실물로 착각한 어느 네티즌의 포스트가 포털사이트 메인 화면에 걸렸던 것이다. 소동은 길지 않아, 한 매체가 문제의 생물이 실은 작가의 작품이라고 보도함으로써 진위를 둘러싼 논란은 곧바로 수그러들었다. 당시 그 기사에는 이 작품이 유전공학의 폐해를 경계하는 의미를 갖는다는 설명이 붙어 있었던 것으로 기억한다. 기사의 작성자에게는 피치니니의 생명체들이 끔찍한 호러 비전으로만 보인 모양이다. 하지만 유전공학을 바라보는 피치니니의 태도는 그렇게 단순하지 않다.

> "나의 피조물들은 과학적이라기보다는 신화적이다. 그것들은
> 내가 들어 살면서도 완전히 이해하거나 통제할 수 없는 세계를
> 설명하는 이야기를 하려고 만든 키메라들이다. 대부분의 신화들
> 이 그러하듯이 그 이야기들은 주의를 촉구하기도 하지만, 동시
> 에 그것들은 종종 이 괴상한 동물들에 대한 축하다."[22]

멜버른 동물원에 전시되기도 했던 그녀의 〈사이렌 몰〉(2000/2001)은 거대한 양서류를 닮아 처음에는 섬뜩함을 주지만 시간이 좀 지나면 우리의 보호본능을 자극한다. 〈분리되지 않은〉 Undivided(2005)이라는 작품에서는 아이와 괴물이 침대 위에 다정하게 누워 있다. 여기서 느껴지는 것은 인간과 괴물 사이에 존재하는 끈끈한 유대감이다. 〈빅 마더〉Big mother(2005)에서는 인간-원숭이

의 합성생명이 품에 갓난아기를 안고 있다. 이 키메라 속에 합성되어 들어간 인간의 형상은 피치니니 자신의 것이다.

예술을 위해 생명을 가지고 장난을 치겠다는 사악한 유미주의도, 생명을 대상으로 한 모든 조작을 배격하자는 답답한 도덕주의도 그녀와는 거리가 멀다. 피치니니의 그로테스크 취향 밑바탕에는 생명에 대한 윤리적 책임의식이 깔려 있다. 이를테면 돼지-인간의 영감을 준 것은 종간 장기이식수술의 현실이었다. 장기를 이식할 때 따르는 거부반응을 줄이기 위해 돼지의 몸에 인간의 유전자를 집어넣을 때, 그 돼지는 돼지의 외관에도 불구하고 사실상 인간-돼지의 키메라인 셈이다. 피치니니의 작업은 실험동물의 키메라적 성격을 부각하고자 유전자의 혼성을 시각적으로 과장해서 보여준다. 그가 이로써 던지는 메시지는 그 돼지도 부분적으로는 인간이라는 것이다.

유전공학의 괴물을 대하는 피치니니의 태도는 이렇게 양가적 ambivalent이다. 그의 작품은 우리에게 합성생명의 현실을 맨눈으로 똑똑히 보되 애정을 갖고 보라는 메시지를 던진다. 그는 관객의 감정이입을 통해 발생하는 작품의 정서적 효과를 특별히 강조한다. 그 결과 그의 괴물들을 보면서 우리는 인간이 저지른 짓에 섬뜩함을 느끼나, 그 감정은 곧 그놈들에 대한 연민으로 바뀐다. 철학자 존 로크John Locke(1632~1704)는 불쾌감displeasure이 지적 열락 delight으로 바뀌는 것을 숭고의 체험이라고 말했다. 최초의 혐오감이 사후에 감정이입으로 전환된다는 점에서 피치니니의 작품에도 숭고가 존재한다. 그의 괴물들은 기술적 숭고techno-sublime의 대상이다.[23]

트랜스휴먼 사회

기술은 인간이 만들지만 그것은 한번 만들어지면 인간의 의지와 상관없이 스스로 발전하는 경향이 있다. 마르틴 하이데거Martin Heidegger(1889~1976)가 기술을 대하는 현존재의 태도 변화를 요구한 것은 이 때문이다. 기술은 '인간이 통제하는' 수단이 아니라, '인간을 규정하는' 숙명에 가깝다.[24] 하지만 피치니니는 에덴동산으로 돌아갈 생각이 없는 듯하다.[25] 기술의 발전을 거부할 수 없는 현실로 받아들이면서 그것이 가져올 미래에 대해서는 판단을 유보한다. 돼지 몸에 인간의 유전자를 집어넣는 것은 끔찍한 일이나, 그로 인해 가족이 생명을 구할 수 있다면 그 기술을 비난할 수 있겠는가? 살아 있는 생명의 유전자를 조작하는 것은 위험한 일이나, 그것으로 멸종된 생물종을 복원해내는 것은 어떤가?

피치니니가 요청하는 것은 이 인조생물을 대하는 현존재의 태도를 전환하는 것이다. 생명공학으로 인조생물을 만들었다면 자기 피조물에 마땅히 책임을 느껴야 한다. 즉 인간은 그 괴물들을 보호하고 배려하고 돌봐줄 의무가 있다는 것이다.[26] 그의 작품에 '아기'가 자주 등장하는 것은 그 때문이다. 〈젊은 가족〉의 돼지-인간은 누워서 새끼에게 젖을 물리고 있고, 〈빅 마더〉의 원숭이-인간은 아기를 품은 채 서 있다. 이처럼 모성의 계기를 도입함으로써 피치니니는 인조생물에 대한 우리의 보호본능을 일깨운다.[27] 〈사이보그 선언〉으로 유명한 도나 해러웨이Donna Haraway(1944~)는 이처럼 모성을 통한 구원을 말하는 피치니니에게서 자기와 같은 "SF 페미니스트의 혈통"을 본다.[28]

〈분리되지 않은〉에서는 괴물이 등을 돌리고 잠든 인간의 아기를 뒤에서 품고, 〈오래 기다린〉The Long Awaited(2008)에서는 인간의 아이가 누워 잠든 물개-인간에게 머리를 기댄다. 이런 작업을 통해 피치니니는 "우리 존재의 근본적 측면, 즉 우리의 인공성, 우리의 동물성, 그리고 우리의 피조물과 아이들과 환경에 대한 우리의 책임성"에 관한 물음을 던진다. 그는 인간에게서 생물학적으로 '특별한 것'이 있다고 보지 않는다. "우리의 공통적 동물성이라는 생각이야말로 내 작업의 중심이다." 우리의 동물성을 이해하는 것이야말로 우리의 인간성을 이해하는 지름길이다. 인간이 가져야 할 것은 자신과 동물성을 공유하는 존재들과의 교감이다. 여기에는 물론 정치적 함의가 깔려 있다. 공통의 동물성을 토대로 다른 동물과 교감하며 사는 것이 호주 원주민의 생활방식이었기 때문이다.

합성생물학과 더불어 무기물과 유기물의 경계가 사라지고, 유전공학과 더불어 종간 장벽이 무너져 인간과 동물의 경계도 희미해지고 있다. 인간중심주의anthropo-centrism 신학에 대한 탈근대 철학자들의 비판을 오늘날 과학이 완성하고 있다. 사람들은 벌써 '인간 이후의 사회'post-human society를 얘기한다. 즉 미래사회는 오로지 인간만으로 구성되지는 않을 것이라는 뜻이다. 피치니니는 우리가 만들어낼 인공의 생명들과 더불어 살아갈 준비를 한다. 인간이 무기적 생명(로봇)이나 유기적 생명(키메라)과 함께 사회를 운영해나간다는 것은 호러 비전일지 모른다. 하지만 오직 인간만을 향하던 사랑을 기계와 동물에게까지 확장하는 것만큼 고귀한 일도 없을 것이다.

31

후기생물학의 아바타

"생물학과 수학도 그들의 아바타를 기다리고 있음을 나는 안다."

—보르헤스의 〈틀뢴, 우크바르, 오르비스 떼르띠우스〉에서.

정보기술IT에 생명기술BT이 결합됨에 따라 SF의 상상력에도 변화가 일어나고 있다. 1990년대를 대표하는 SF가 〈매트릭스〉처럼 정보공학으로 실현하는 가상현실의 판타지였다면, 21세기의 SF에는 생명공학을 통해 종간 장벽을 넘나드는 새로운 상상력이 등장한다. 이를테면 인간의 '거미–되기'를 보여주는 〈스파이더맨〉, 인간의 '벌레–되기'를 보여주는 〈디스트릭트 9〉에 이어, 최근에는 인간을 기제류 혹은 우제류와 뒤섞어놓은 〈아바타〉가 선을 보였다. 여기서 흥미로운 점은 '아바타'라는 정보공학의 객체를 '하이브리드'라는 생명공학의 형태로 실현했다는 것이다. 마른dry 기술과 젖은wet 기술이 합쳐져 축축해진moist 셈이다.[29] 영국의 미디어 예술가이자 이론가 로이 애스콧은 오래전에 이런 상상력을 예상한 바 있다.

> 가상성의 마른 세계와 생물학의 젖은 세계 사이에 축축한 영역, 즉 잠재성과 가망성의 새로운 인터페이스가 놓여 있다. (비트, 원자, 뉴런, 유전자로 구성되는) 축축한 미디어가 새로운 세기의 우리 예술, 즉 유체적fluid 현실의 구성에 관심을 가진 변형적 예술의

기저가 될 것이다.[30]

현실세계 아바타

'아바타'अवतार는 '자아의 형태'를 뜻하는 산스크리트어 낱말로, 원래 신이 인간의 육체를 가지고 이 땅에 내려오는 것을 뜻하는 힌두교의 용어다. 예를 들어 크리슈나는 비슈나 신의 여덟 번째 아바타라고 한다. 힌두교의 밖에도 비슷한 생각이 존재한다. 예수 역시 어떤 의미에서는 사람의 아들ㅅᄀ의 모습으로 이 땅에 내려온 야훼의 아바타라 할 수 있다. 이 신학의 용어를 처음으로 오늘날과 같은 의미로 쓴 것은 닐 스테픈슨의 사이버펑크 소설 《스노 크래시》(1992)다.[31] 오늘날 이 용어는 컴퓨터게임이나 세컨드라이프 같은 사이버 공간에서 사용자를 대리하는 가상의 신체를 가리킨다. 하지만 영화 〈아바타〉(2009)에 등장하는 아바타는 우리에게 익숙한 이런 아바타와는 사뭇 다르다.

영화 속 아바타는 가상을 부유하는 유령이 아니라 현실에서 움직이는 육체다. 이를 '현실세계 아바타'real world avatar라 부른다. 이를테면 홀로그램으로 원격 현전하는 〈스타워즈〉의 공주가 바로 현실세계 아바타의 일종이라 할 수 있다. 물론 홀로그램으로 된 아바타는 실체가 없다. 아바타를 통해 현실세계에서 다른 사물들과 물리적 인터랙션을 하고 싶다면 로봇을 사용하면 된다. 유독가스로 가득 찬 방, 폭발물이 설치된 장소, 수압이 엄청나게 높은 심해에서 인간을 대리하는 로봇은 '물리적 행동의 능력을 갖춘' 현실세계 아바타다. 영화 속 상황도 비슷하다. 판도라 행성은 대기의 화학적 구

〈아바타〉 속의 '현실세계 아바타'

성이 지구와 전혀 다르지만 아바타를 입은 제이크는 산소마스크 없이 유독가스나 다름없는 그곳의 대기를 숨 쉰다.

〈매트릭스〉의 주인공들은 수면과 각성을 통해 현실과 가상의 사이를 오가나, 〈아바타〉의 주인공은 수면과 각성을 통해 현실과 또 다른 현실 사이를 오간다. 흥미로운 것은 이 아바타가 마른 기술이 아니라 젖은 기술로 만들어졌다는 점이다. 영화 속의 아바타는 무기체가 아니라 유기체, 즉 '인간'이라는 종種과 '나비Na'vi'라는 종의 DNA를 혼합한 하이브리드 생명체다. 다시 말해 그것은 분자생물학, 인조생물학, 유전공학으로 대표되는 후기생물학post-biological 시대의 아바타라 할 수 있다. 다른 종과 성공적으로 대화하기 위해서는 직접 그 동물이 되어야 한다. 그리하여 제이크는 하이브리드

생명으로 몸을 갈아입고 인간과 나비 종족 사이에 신뢰를 구축하는
임무를 수행한다.

플로라와 파우나

판도라 행성에 서식하는 동식물계flora and fauna는 시각적으로 매우
강렬한 인상을 남긴다. 그 모두가 카메론 감독의 판타지라 하나, 그
영감이 시각성의 진공에서 나온 것은 아니리라. 판도라의 생태계는
미디어 아티스트들의 예술적 실험에서 이미 본 것들이기 때문이다.
이를테면 '나비' 종족의 외양은 미국에서 활동하는 대니얼 리Daniel
Lee(1945~)의 〈매니멀〉Manimals(1993)과 놀라울 정도로 유사하다.
중국에서 태어나 대만에서 자란 이 사진작가는 동양의 12지신 설화,
불교의 윤회사상에 서양의 진화론을 결합해 인간-동물의 키메라를
만들어낸다. 그는 주변 사람들의 사진을 찍은 후, 포토샵으로 그 얼
굴들을 12지신 속에서 (그들의 띠에 해당하는) 동물과 합성한다.[32]
　　카메론이 영화 〈아바타〉를 구상하던 1990년대 중반 칼 심스는
진화 알고리즘을 적용해 외계행성에 자라는 가상의 동식물을 시뮬
레이션해낸 바 있다. 판도라 행성의 씨앗들은 해파리처럼 촉수를
움직여 허공을 헤엄쳐 다닌다. 이는 루이 벡이 창조해낸 환상의 해
저생물들을 연상시킨다. 판도라의 풀들은 설치예술처럼 발로 밟으
면 형광을 발한다. 이는 미디어 아트의 인터랙티브 설치를 닮았다.
식물에 형광색을 부여하는 것은 이제 더는 어려운 일이 아니다. 에
두아르도 카츠는 아예 토끼의 수정란에 열대해파리의 유전자를 집
어넣어 녹색 형광 토끼('GFP 버니')를 만든 바 있다. 아마도 이 모든

아바타의 나비 종족(오른쪽)과 유사한 대니얼 리의 〈매니멀〉, 1993년

것은 카메론 감독이 판도라의 생태계를 디자인할 때 시각적 무의식으로 작용했을 것이다.

판도라의 생명체는 분리된 개별자로 존재하지 않는다. 그곳의 모든 생명은 서로 연결되어 있다. '에이와'라는 이름의 이 집합적 생명체는 우리에게 '가이아 가설'을 연상시킨다. 로이 애스콧은 '가이아의 측면들'(1989)이라는 프로젝트에서 개별 인간의 두뇌를 연결하는 인터넷으로 지구 전체가 하나의 거대한 뇌로 바뀌어간다는 비전을 제시한 바 있다.[33] 로이 애스콧의 프로젝트가 가이아 가설의 텔레머틱 버전을 보여준다면, 판도라의 에이와는 이 하이퍼코텍스hypercotex의 후기생물학적 확장이다. 판도라의 동식물이 서로 교감하는 것은 미신이나 마술이 아니다. 영화 속에서 그들은 인간에게 알려지지 않은 어떤 메커니즘에 따라 전기화학적으로 교신한다.

자연을 대하는 인간의 폭력에 대한 반성은 서구의 과학주의를 향한 것이기도 하다. 인간들은 판도라 행성의 모든 생명이 서로 교감한다는 그레이스 박사의 말을 비웃지만 결국 원주민들의 미신이야말로 더 고차원적 과학으로 드러난다. 여기서 마술과 과학은 새로운 종합에 도달한다. 〈아바타〉의 내러티브에는 슬쩍 서구 열강의 식민지 정복사가 중첩된다. 무자비한 인종차별과 무차별한 자연정복. 여기에 대한 알량한 반성으로 감독은 블록버스터의 시각적 과잉에 매혹되는 관객의 미학적 죄책감을 조금 덜어준다. 이 역시 어디서 본 듯하다. 다른 곳과 구별되는 호주의 매우 독특한 생태계. 그 안에서 동식물과 교감하며 살았던 호주의 원주민들. 그 두 가지를 모두 파괴한 백인 정복자들. 이는 호주 작가 피치니니 작업의 모티브이기도 하다.

디지털의 미학

감독은 이 작품의 실현을 위해 15년을 기다렸다. 그가 기다린 것은 자신의 판타지에 포토리얼한 외양을 줄 정도로 발달한 CG 기술이었다. 마침내 때는 무르익었다. 그러나 문제는 역시 '언캐니 밸리'였다. 아날로그 현실은 연속적이나 디지털 가상은 불연속적이다.

실물의 '고밀도'와 샘플링의 '저밀도' 사이에는 간극이 존재한다. 실물의 배우는 충만하나 그의 모션을 캡처하는 마커는 듬성듬성하다. 여기서 디지털 이미지의 섬뜩함이 나온다. 하지만 〈아바타〉에서 배우는 아예 온몸을 감싸는 수트를 입고 연기한다. 이로써 그것은 '모션 캡처'를 넘어 '퍼포먼스 캡처'가 된다. 헬멧에는 배우의 표정을 촬영하는 카메라가 장착되어 있어 컴퓨터에 충만한 정보를 보내준다. 이로써 '이모션 캡처'가 가능해진다.

중요한 것은 영화를 바라보는 과정에서 일어나는 감정의 미묘한 변화다. '나비' 종족의 신체가 스크린에 처음 등장할 때 관객은 이 괴상한 생명체에 거부감을 갖는다. 하지만 줄거리가 펼쳐지면서 점차 이 거부감은 사라지고, 나중에는 여주인공 네이티리의 몸매에서 심지어 아름다움까지 느끼게 된다. 이렇게 최초의 거부감을 결국 호감으로 바꾸어놓는 것이 이 영화가 이룩한 미적 성취다. 이는 발달한 CG 기술과 서사적 재능이 함께 만들어낸 효과일 터이다. '이모션 캡처'는 저 하이브리드 생명체로 감정이입을 할 수 있게 해준다. '서사'는 관객으로 하여금 제이크 설리를 아바타 삼아 직접 나비 종족의 틈에 섞여 살면서 소통을 통해 그들에 대한 거부감을 극복하도록 보장해준다.

카메론의 CG가 '언캐니'의 효과를 얼마나 극복했는지는 가늠하기 어렵다. 우리는 〈주라기 공원〉의 공룡이나 〈킹콩〉의 고릴라 같은 동물에 비해 인간의 얼굴에는 더 높은 수준의 리얼리즘을 요구한다. 하지만 나비 종족은 유감스럽게도 인간이 아니다. 그래서 섬뜩함이 덜한 것일 수도 있다. 하지만 〈아바타〉에 열광하는 관객들의 태도에는 또 다른 경향이 엿보인다. 과거에 아날로그와 차이가 나는 디지털 이미지의 특성이 그저 거부감을 주었다면, 오늘날 대중은 어딘지 어색해 보이는 CGI의 고유한 특성에 대한 취향을 발달시키고 있다. 〈아바타〉를 통해 디지털 대중은 처음으로 언캐니할 수도 있는 이미지에 호감을 드러냈다. 〈아바타〉의 DVD판에는 심지어 나비 종족의 베드신이 등장한다.

시네마에서 컴퓨터게임으로

과거의 디지털 액터는 텅 빈 공간에서 연기를 했다. 하지만 〈아바타〉의 배우는 실시간으로 저해상의 이미지를 제공하는 가상현실 장치 안에서 연기를 한다. 연기의 상황이 게임의 상황이 됨으로써, 배우와 배경의 분리도 극복된다. 실제로 〈아바타〉는 게임으로도 출시될 예정이다. 디지털 대중은 스크린 위에 펼쳐지는 이미지를 일방적으로 수용하는 것으로 만족하지 않는다. 그들은 아바타를 가상으로 데리고 들어가 그 속의 존재들과 인터랙션을 해야 비로소 서사를 제대로 체험했다고 느낀다. 실제로 어떤 관객들은 〈아바타〉를 보고 마치 거대한 게임을 녹화한 영상을 보는 느낌을 받았다. 이것은 물론 〈아바타〉가 온라인 게임의 문법을 영화 속에 도입했기 때문이리라.

관객의 멀미를 일으키는 안경과 더불어 한때 변방으로 조용히 물러났던 스테레오스코프의 3D 영화가 되돌아온 것은 매우 흥미로운 현상이다. 어떤 이는 이를 영화의 "자살행위"라 비판한다. "영화 체험에 그 어떤 본질적인 것도 더해주지 못하는"[34] 영화의 3D화化는 "그렇지 않아도 비싼 티켓값에 5~7.5달러의 추가요금을 물리기 위해" 추진되고 있다는 것이다. "마치 캐릭터들이 스크린에서 튀어나와 당신들의 돈지갑을 빼앗아가는 듯하다." 그런가 하면 극장주로 하여금 상영관을 디지털화하도록 강제하기 위한 전략이라는 분석도 있다. 하지만 어떤 이는 가상과 현실의 분리를 지우려는 영화의 무의식적 욕망을 본다.[35]

> "스테레오스코프 영화를 향한 충동은 재현의 영역에서 장치의 마지막 흔적, 즉 영화 스크린을 제거하려는 근본적인 영화적 욕망으로 지탱된다. 이런 관점에서 볼 때 스테레오스코프 영화는 그저 평면 영화의 기술적 확장, 잉여적 차원으로만이 아니라 그것의 무의식적 차원으로 볼 수도 있다. 3D 영화는 영화의 무의식을 외부화하려는 욕망을 대변한다."[36]

이제 영화는 '대물렌즈-피사체'의 관계 위에 서 있는 사진적 이미지가 아니라 점점 더 피사체 없는 만화적 이미지가 되어간다. 〈아바타〉에서 실사 분량은 25퍼센트에 불과하다. 어떤 이들은 디지털 사진이 더는 사진이 아니며, 디지털 영화가 더는 영화가 아니라고 말한다. 카메론 감독은 '퍼포먼스 캡처'와 '이모션 캡처'를 들어 〈아바타〉가 절대로 애니메이션이 아니라고 애써 반박한다. 하지만 레프 마노비치의 말대로 디지털 영화란 가끔 실사도 재료로 사용하는 애니메이션의 일종이다. 기억해야 할 것은 영화가 애초부터 뤼미에르 형제(실사)와 멜리에스(만화)라는 두 개의 근원을 갖고 있었다는 사실이다. 애니메이션 역시 멜리에스의 맥을 잇는 영화의 적자다.

오늘날에는 생명마저 기술적 조작의 대상이 된다. 인위적 조작이 있는 곳에는 동시에 예술의 가능성도 존재하기 마련이다. 과거의 예술가들이 팔레트 위에 물감을 놓고 작업을 했다면, 벌써 몇몇 예술가는 팔레트 위에 유전자를 놓고 작업하고 있다. 이 장의 제목으로 사용된 단어들은 과학에서 수행하는 실험의 종류를 가리키는 용어로, 각각 생체를 대상으로 한 실험(인 비보), 배양접시 위에서 이루어지는 실험(인 비트로), 컴퓨터 시뮬레이션을 통해 이루어지는 실험(인 실리코)을 가리킨다. 여기서는 이 세 가지 방식으로 만들어지는 인공생명 예술의 다양한 예들을 살펴볼 것이다.

9장　인 비보·인 비트로·인 실리코

32

생명으로서 작품

에드워드 스테이첸Edward Steichen(1879~1973)은 사진사로서, 그리고 큐레이터와 전시 기획자로서 고비마다 20세기 사진의 흐름을 결정하는 데 커다란 영향을 끼친 인물이다. 제1차 세계대전 이전에는 사진과 회화를 겸업하며 대부분의 시간을 프랑스에서 회화 작업을 하며 보냈다. 거기서 익힌 상징주의, 표현주의, 입체주의와 예술언어는 훗날 앨프레드 스티글리츠Alfred Stieglitz와 더불어 '사진분리파'photo-secessionist를 결성하는 데 큰 역할을 한다. '사진분리파'는 실용사진과 예술사진의 극단적 분리를 넘어 사진을 스트레이트 포토그래피 그대로 예술로 끌어올리려는 운동이었다.[1] 그래서 스티글리츠는 스테이첸을 '카메라 워크'의 작가로 받아들일 때 그의 화가 경력을 높이 평가했다고 한다.

델피니움

스테이첸이 회화와 사진이 아닌 다른 예술에 더 큰 열정을 품었었다는 사실은 잘 알려져 있지 않다. 1936년 6월 미국현대미술관 MoMA에서는 그전까지 유례가 없던 전시회가 열렸다. 스테이첸의 〈델피니움〉에 출품된 작품은 스테이첸이 직접 교배한 수백 포기의 화초였다. 일부 관객들이 "저 빌어먹을 화초들이 미술관에서 뭐 하

에드워드 스테이첸, 〈델피니움〉, 1936년

고 있는 거냐?"라고 노골적 반감을 드러내기도 했지만, 전시회 자체는 미디어에 대대적으로 보도되면서 센세이션을 일으켰다. MoMA에서 화훼전이 열릴 수 있었던 것은 물론 사진작가로서 쌓은 스테이첸의 국제적 명성 덕분이겠지만, 동시에 예술의 정의를 바꿔 놓을 전위적 흐름을 소개한다는 당시 MoMA의 기획과도 일치하는 것이었다.

1930년대 초에 과학자들은 백합과 식물 콜키쿰colchicum automnale의 씨앗이나 구근에 든 '콜히친'colchicine이라는 성분이 식물의 염색체 수를 증가시킨다는 사실을 발견했다('씨 없는 수박'을 만들어낼 때도 이 물질이 사용되었다). 스테이첸은 곧 이 약물의 도움으로 델피니움의 염색체 수를 변화시켜 변종들을 만들어낼 수 있음을 깨닫는다. 이 방법으로 "단 몇 시간 만에 자연에서라면 수천 년이 걸려도 발생하지 못할 식물물질의 돌연변이가 만들어졌다." 이 체험에 기초하여 그는 "다윈을 믿지 않는다"라고 말한다. 이는 1960년대 후반에 제기된 이른바 '비非다윈적 진화론'을 연상시킨다. 비다윈적 진화론에 따르면, 진화는 적자생존의 원리에 따라서만이 아니라, 환경적응과 별 관계가 없는 '중립적 돌연변이'를 통해서도 이루어진다.

"꽃을 재배하는 것은 예술이다." 자신의 작업에 시적 분위기를 부여하기 위해 그는 자기가 만들어낸 새로운 종자에 시인의 이름을 붙였다. 사진사였던 그는 델피니움 재배를 사진을 촬영하는 일에 즐겨 비유했다. "일반적으로 나는 오래전에 사진을 연구할 때 했던 것만큼이나 열정적으로 델피니움을 교배해왔다. 체계적으로 모든 규칙을 위반하면서." 이렇게 인위적으로 자연의 규칙을 깨는 것을 그는 새로운 사진언어를 만들기 위해 기존의 문법을 깨는 일에 비유한다. 사진을 제작하는 데 기술이 필요하듯이 새로운 종자를 만들어내는 데도 기술이 필요하다. 피사체나 완성된 사진을 선별하는 데 직관이 필요하듯이 조작을 통해 만들어낸 델피니움을 선별하는 데도 직관이 필요하다.

꽃을 선별하는 그의 기준은 형태와 색채의 아름다움이었다. 픽토리얼리스트로서 그의 취향을 여기서도 읽을 수 있다. 흠집이 생긴 도자기를 아무 미련 없이 깨버리는 도예가처럼, 스테이첸은 교배의 결과로 얻어진 꽃들 중에서 형태나 색채에 조금이라도 문제가 있는 것은 가차 없이 폐기했다고 한다. 이렇게 생명의 장식적 가치, 표현적 가치를 우선시하는 유미주의는, 마침 같은 시기에 진행되던 나치의 우생학 프로젝트와 맞물리면서 사회적으로 불편함을 주기도 했다.[2] 주목해야 할 것은 사진과 교배의 교차다. 1930년대에 사진으로 회화를 하려던 픽토리얼리즘의 흐름은 이미 시대착오로 여겨지고 있었다. 이 시절에 픽토리얼리즘에 대한 그의 열정을 이어준 것은 식물을 이용한 회화였다.

아이리스

식물이 미술관에 다시 등장하기 위해서는 수십 년을 기다려야 했다. 조지 제서트George Gessert(1944~)는 1985년 이후로 "식물의 교잡hybridization은 회화의 연장"이라 여겨 다양한 실험을 해왔다. 고등학생 시절부터 교잡을 해왔던 터라 기본적 테크닉은 알고 있었다. 그가 선택한 것은 아이리스였다. 그가 살던 오레곤 주에는 여러 종의 아이리스가 서식하는데, 이들은 자연상태에서 서로 교잡을 통해 다양한 색채를 자랑하고 있었다. 하지만 이 야생의 아이리스도 정원에 들여올 경우 관상용 화초들의 화려함에 가려 잘 눈에 띄지 않았다. 제서트의 과제는 이들 아이리스로 하여금 야생의 특성을 그대로 유지하면서도 다른 것들에 밀리지 않을 만큼 강렬한 시각적 인상을 갖게 하는 것이었다.

꽃을 작품으로 만드는 작업을 시작할 당시 제서트는 스테이첸의 1936년 MoMA 전시회에 대해서는 전혀 알지 못했다. 그가 교배 예술가가 된 것은 우연한 체험을 통해서다. 1981년 어느 날 제서트는 둘째아이가 태어나자 화가의 꿈을 접고 생업에 종사하기로 결심하고는 오랫동안 고이 간직해왔던 일본종이에 물감을 쏟아 부어버린다. 물감이 서서히 종이로 번져가는 것을 보며 그는 문득 깨달음을 얻는다. "그동안 내가 얼마나 창조적 과정과 동떨어져 있었는지. 학교에서 예술은 예술가가 만드는 것이라 배웠으나, 사실 창조적 에너지는 어디에나 있다. 종이와 잉크 속에, 그리고 존재의 모든 측면 속에. 내가 할 일은 그저 한 걸음 물러나 그것이 일어나는 것을 보는 것뿐이었다."

이 체험 이후 그는 일본종이 위에 물감을 떨어뜨려 번져나가는 모양의 작품을 제작한다. 동심원을 그리며 번져나가는 여러 색깔의 물감들은 공교롭게도 활짝 핀 꽃을 닮았다. 꽃은 그에게 각별한 의미를 갖는다. 그의 최초 기억 중 하나가 어머니의 아이리스 꽃들이 화단 가득히 핀 모습이었기 때문이다. 그는 어린 시절부터 인간들보다는 외려 식물들 속에서 편안함을 느꼈다고 한다. 하지만 그가 화가로 활동하던 1960년대의 뉴욕 화단에는 암암리에 '꽃을 그려서

조지 제서트, 〈트론하임의 후회〉, 2008년

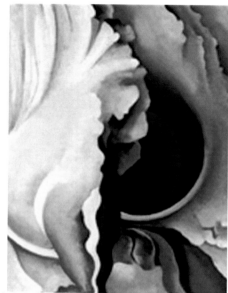

조지아 오키프, 〈블랙 아이리스〉, 1926년
9X7in, oil on canvas, Georgia O'keeffe Museum

는 안 된다'라는 불문율이 존재했다. 꽃을 그리는 것은 여성성의 상징(이를테면 조지아 오키프의 작품을 생각해보라), 호모섹슈얼 취향, 심지어 아마추어 키치로 여겨졌기 때문이다. 하지만 제서트에게 그것은 문제가 될 수 없었다.

　　뉴욕에서 접한 다양한 흐름의 현대미술은 당연히 교잡예술을 실천하는 그의 예술관에도 흔적을 남겼다. "꽃들은 궁극적으로 자신들 외에는 아무것도 재현하지 않는다." 두말할 것도 없이 이는 미니멀리즘의 강령을 패러프레이즈한 것이다. 미니멀리스트들은 공간적 환영의 효과를 파괴하는 유일한 길은 작품을 실물로 만드는 것밖에 없다고 믿었다. 이를 위해 그들은 건재상에서 구입한 벽돌들, 철공소에서 제작한 금속판 따위를 미술관 바닥에 그대로 깔아놓곤 했다. 뒤샹의 변기가 그러하듯이 제서트의 꽃들 역시 "자신들 외에는 아무것도 재현하지 않는다." 이게 무슨 예술이냐고 할지 모르겠지만, 그의 말대로 "예술에서 가장 어려운 것은 완전히 자신과 같은 것을 창조하는 것이다."[3]

데카르트화(花)

자신이 교잡한 아이리스를 슬쩍 자연에 풀어놓는 바람에 제서트는 종종 '유전자 낙서'를 한다는 비난을 받곤 한다. 하지만 그가 사용한 교배breeding의 방법은 화초의 품종개량을 위해 오래전부터 사용되던 로테크Low-tech로서, 그다지 위험한 것이라 할 수 없다. 종의 교잡은 자연상태에서도 늘 일어나는 현상이기 때문이다. 에두아르도 카츠Eduardo Kac(1962~)는 다르다. 그는 이른바 '생명예술'bioart

에 주저 없이 유전자 조작이라는 하이테크를 사용한다. 그의 작품 〈무브-36〉은 1997년 IBM 컴퓨터 딥 블루Deep Blue가 세계 체스 챔피언인 개리 카스파로프를 물리친 사건을 기념한다. 이 인공지능AI의 역사적 승리를 축하하는 그의 방식은 인공생명AL을 사용하는 것이었다.

전시실 한가운데의 테이블 위에 흰색과 검은색 배양토로 만든 체스판이 놓여 있다. 이 체스판 위의 한 지점, 즉 컴퓨터가 인간을 물리친 그 역사적 수Move 36를 놓은 자리에는 한 그루의 식물이 심어져 있다. 이 식물은 인공식물로, 그것의 게놈genome에는 유전자 조작으로 만들어낸 새로운 유전자가 들어 있다. 이 유전자는 '데카르트의 유전자'라 불린다. '나는 생각한다, 고로 존재한다'cogito ergo sum라는 데카르트의 명제를 ASCII 코드를 이용해 유전자의 염기서열로 번역한 것이기 때문이다. 이를테면 'cogito' 속의 'c'는 ASCII 코드로는 '01000011'에 해당한다. 이 8비트의 정보를 염기서열로 번역하기 위해 카츠는 임의로 다음과 같은 변환표를 설정한다.

A = 00
C = 01
G = 10
T = 11

그 결과 ASCII 코드 '01000011'에 해당하는 알파벳 C는 'C-A-A-T'라는 염기서열로 번역된다. 이런 식으로 'cogito ergo sum'을 번역하면, 데카르트 유전자의 기다란 염기서열이 얻어진다.

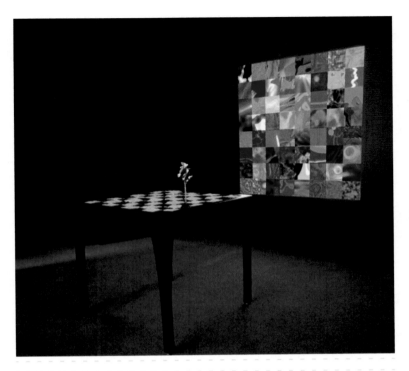

에두아르도 카츠, 〈무브-36〉, 2004년

CAATCATTCACTCAGCCCCACATTCACCCCAGCACTCATTCC
ATCCCCCATC

이어서 이 염기서열을 가진 유전자를 만들어 기존 식물의 게놈 속에 집어넣는다. 유전형genotype의 변화는 당연히 현상형phenotype 의 변화를 낳는다. 원래의 식물은 평평한 잎을 가졌으나, 자기 안에 데카르트 명제로 만든 유전자를 받아들임으로써 이제 둥글게 굽은 잎사귀를 갖게 된다. 이파리가 뻗어나와 물결처럼 말려들어가는 곳에서 관객은 데카르트 유전자의 현존을 육안으로 확인할 수가 있다. 자연의 생명에 인간의 글귀를 적어 넣는다는 의미에서 이는 글자 그대로 '유전자 낙서'라 할 수 있다.

에두니아

2009년 4월부터 미니애폴리스 웨이스먼 미술관에서는 '에니그마의 자연사'라는 제목의 개인전이 열렸다. 이 전시회의 중심을 이루는 작품 역시 유전자 조작을 통해 만들어낸 식물로, 물론 자연상태에서는 찾아볼 수 없는 것이다. 2003년에서 2008년 사이에 분자생물학을 이용해 개발한 이 새로운 페추니아 종자는 흥미롭게도 페추니아와 예술가 자신을 섞어놓은 키메라였다. 카츠는 자신의 이름인 '에두아르도'와 꽃의 이름인 '페추니아'를 합쳐 이 식물을 '에두니아'라 명명했다. 〈에두니아〉는 분홍색 꽃잎에 붉은색 엽맥을 갖고 있는데, 이 엽맥은 작가의 혈액에서 추출한 유전자가 발현한 것이다. 이 분자생물학적 조작의 결과 꽃잎의 엽맥을 통해 인간의 피가 흐르는 살아 있는 이미지가 탄생한 것이다.

카츠는 작품을 내놓을 때마다 제작방법을 상세히 설명하곤 한다. 거기에 따르면 페추니아에 옮겨놓은 작가의 유전자는 면역 글로블린$_{IgG}$에서 추출한 것이다. 신체의 면역체계를 구성하는 이 유전자는 원래 자신을 타자와 구별하여 다른 분자나 질병 혹은 침입자로부터 보호해주는 역할을 한다. 이 DNA를 페추니아에 이식하는 데에는 CoYMV$_{Commelina\ Yellow\ Mottle\ Virus}$가 사용된다. 이 프로모터는 해당 유전자를 오로지 식물의 엽맥으로만 인도한다. 이런 방식으로 작가의 면역 글로블린 DNA가 페추니아 속에 성공적으로 통합되면, 꽃이 씨앗을 통해 번식할 때마다 새로운 꽃 속에 계속 작가의 유전자가 남게 된다. 인간이 꽃을 통해 자신의 유전자를 자연에 퍼뜨릴 수 있게 된 셈이다.

식물이자 인간인 키메라는 그 존재만으로도 섬뜩한 느낌을 준다. 하지만 이 괴怪생물체의 창조를 통해 작가는 "다양한 생물종들 사이의 생명 근접성에 관한 성찰"을 제공하려 했다고 말한다. 우리에게 익숙한 인간중심주의는 인간을 식물이나 동물과는 절대적으로 구별되는 존재로 바라본다. 하지만 과학적 분석에 따르면, 토마토의 DNA는 인간의 그것과 70퍼센트가 일치하고, 침팬지의 DNA는 인간의 그것과 98퍼센트가 일치한다고 한다. 에두아르도 카츠는 이 프로젝트가 오래된 이론적 근원을 갖고 있음을 지적한다. 프랑스의 철학자 쥘리앵 오프루아 드 라메트리$_{Julien\ Offroy\ de\ La\ Mettrie}$(1709~1751)는 〈인간식물론〉(1748)에서 이렇게 말했다. "식물과 동물 왕국 사이의 놀라운 유비는 나를 인간과 식물의 주요한 부분은 동일하다는 결론으로 이끌었다."

에두아르도 카츠, 〈에두니아〉, 2003／2008년

주세페 아르침볼도, 〈베르툼누스: 루돌프 2세〉,
1590~1591년

'인간식물'이라는 관념은 18세기의 괴짜 화가 주세페 아르침볼도Giuseppe Arcimboldo(1527~1593)의 작품을 연상케 한다. 살바도르 달리에게 영감을 주었던 이 마니에리스트는 꽃이나 채소, 뿌리와 같은 식물을 모자이크한 인물화를 그리곤 했다. 이 '합성그림'composite picture은 기괴한 것, 환상적인 것, 수수께끼 같은 것을 선호하는 16세기 마니에리스모의 시대정신을 반영한다. 이 마니에리스모의 환상이 분자생물학의 시대에 이르러 환상에서 현실로 내려왔다. 인간의 DNA를 꽃에 옮겨놓을 수 있다면 그 역도 가능하지 않겠는가? 실제로 그것은 '할 수 있느냐'can do의 문제가 아니라 '하도록 인가를 받았느냐'authorized to do의 문제가 되었다. 인간을 꽃으로 은유하는 것은 이미 생물학적 현실이다.

형질전환의 예술

"왜 개는 아직 붉은 점에 푸른 털을 갖고 있지 않으며, 왜 말은 아직도 저녁 초원 위로 형광 색채를 발산하지 않을까? 왜 동물의 사육은 여전히 주로 경제적 관심사일 뿐 미학의 영역으로 옮겨 오지 않았을까? (……) 북미와 서구는 오늘날 우리가 소비할 수 있는 것보다 더 많은 음식을 생산하고 있으며, 우리는 또한 우리 자신의 프로그램에 따라 식물과 동물의 종을 창조하는 것을 상상 가능하게 해주는 테크닉을 습득해왔다. 그저 버터와 햄의 산, 우유와 와인의 강을 갖고 있는 것만이 아니다. 우리는 이제 인공적인 생명, 살아 있는 작품을 만들어낼 수 있다."[4]

빌렘 플루서의 이 말은 우리를 당혹스럽게 만든다. 그의 말대로 "분자생물학자들은 머잖아 화가가 오일과 아크릴을 다루듯이 다소간 피부색을 다루게 될 것이다." 이를테면 초라한 보호색을 가진 육상의 생물들과 달리 열대 바다의 물고기들은 화려한 색채를 자랑한다. 오늘날 이 "심해 동물의 색깔을 프로그래밍하는 유전정보를 지구 표면의 동물들에게 옮겨놓는 것"이 실행 가능해졌다. 이렇게 유전자 조작으로 플로라flora와 파우나fauna를 열대 바다의 생물들처럼 다채로운 색깔로 칠하는 미래의 회화를 플루서는 "일종의 랜드아트"로 규정한다. "천으로 바위를 덮어버리거나 불도저로 그 주위를 밀어버리는 대신에 우리는 복잡한 생명의 게임을 컴퓨팅하고 작곡할 수 있게 될 것이다."

플루서의 예언은 10여 년 후 현실이 된다. 1999년 에두아르도 카츠는 '아르스 일렉트로니카'Ars Electronica 전시회에 최초의 '형질전환예술'transgenic art인 〈창세기〉Genesis(1999)를 발표한다. 콘셉트는 자외선으로 박테리아의 유전자를 변형시키는 것이었다. 전시회의 부대 행사로 열린 심포지엄에서 그는 녹색형광단백질GFP을 이용해 푸른 형광색을 띤 개를 창조하겠다는 프로젝트GFP K-9를 발표한다. 이 프로젝트는 끝내 실현되지 못했지만, 이듬해에 그는 루이 백의 도움으로 두 번째 형질전환예술을 만드는 데 성공한다. 그의 작품 〈GFP 버니〉(2000)는 '알바'라는 이름의 살아 있는 토끼였다. 이 알비노Albino 토끼는 일상적 조명 아래서는 보통 토끼와 다르지 않으나, 특정한 조명 아래서는 녹색형광을 내뿜는다.[5]

카츠의 작품에 사용된 녹색형광단백질은 어느 열대 해파리 aequoria victoria에서 발견되는 야생 녹색단백질 유전자를 강화한 EGFP로, 포유동물의 몸에 들어갈 경우에는 더 강한 형광을 내뿜는다. 표지유전자marker로 사용되는 형광단백질에 녹색GFP만 있는 것은 아니다. 이를테면 2007년 국내 연구팀이 적색형광단백질RFP을 이용해 자외선을 비추면 붉은 형광을 내는 고양이를 복제한 바 있다. 이는 물론 예술을 위한 기획이 아니라 실용적 기획, 즉 "사람에게 적용할 수 있는 고양이의 유전질환 치료 연구와 인간질환 모델 동물을 복제 생산하는 데 활용"하기 위한 연구였다.[6] 하지만 거기서 실용성을 탈각시키면 그 역시 카츠의 'GFP 버니'처럼 생명예술의 기획이 될 수 있을 것이다.

형광단백질 유전자의 팔레트는 생각보다 다채로워, 해외의 어느 연구팀은 여덟 색깔의 형광단백질을 주입한 박테리아로 샌디에이고 해변을 그리기도 했다. 지금까지 형광단백질은 박테리아에서 물고기, 생쥐나 토끼 같은 포유류에 이르기까지 다양한 동물에서 발현하는 것으로 밝혀졌다. 카츠의 세 번째 형질전환예술 작품은 이와 관련이 있다. 애리조나 주립대에 전시된 〈제8일〉(2001)은 식물, 아메바, 물고기, 쥐, 그리고 바이오로봇으로 이루진, 돔 모양의 생태계다. 그 안의 바이오로봇은 바이오리액터bioreactor 속 아메바 군집의 활동을 자신의 뇌로 사용하는데, 관객은 이 로봇의 눈을 통해 조그만 생태계를 안으로부터 관찰할 수도 있다. 돔 안의 모든 생물은 물론 녹색형광단백질이 이식된 형질전환 생물이다.

자연을 다시 기입하다

하지만 개념적으로 흥미로운 것은 그의 첫 작품 〈창세기〉다. 이 작품을 위해 그는 구약성서 창세기로부터 한 구절을 따온다. "그(=인

에두아르도 카츠, 〈창세기〉, 1999년

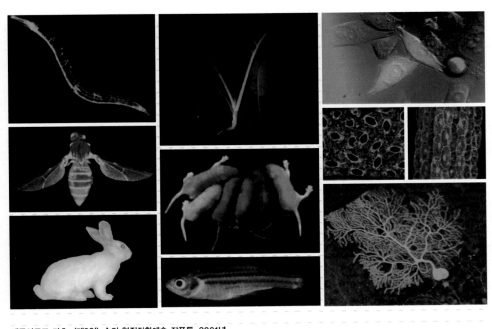

에두아르도 카츠, 〈제8일〉 속의 형질전환예술 작품들, 2001년

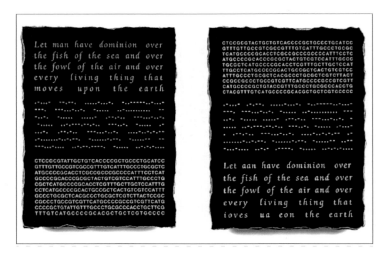

에두아르도 카츠의 〈창세기〉에 쓰인 염기서열. 왼쪽은 창세기 텍스트를 모스 부호를 거쳐 염기서열로 번역한 것이다. 오른쪽은 유전자 변형 이후에 바이러스의 염기서열을 모스 부호를 거쳐, 다시 텍스트로 번역한 것이다. 왼쪽과 오른쪽을 비교하면 철자의 변화가 있음을 알 수 있다.

간)가 바다의 물고기와 하늘의 새와 집짐승과 온갖 들짐승과 땅을 기어다니는 온갖 것을 다스리게 하자"(창세기 1장 6절). 이 문장을 카츠는 먼저 모스 부호로 바꾼다. 이어서 그 부호들을 다시 DNA 염기서열(A-C-G-T)로 변환하여 인공유전자를 만든 후, 그것을 박테리아에 주입한다. 이 박테리아들이 담긴 배양접시 위에는 자외선 등이 설치되어 온라인 관객들이 원격으로 켜고 끌 수 있었다. 자외선 등이 켜지면 유전자에 변이가 일어난다. 그렇게 변이가 일어난 박테리아 유전자의 염기서열은 다시 모스 부호로, 이어서 영어 문장으로 재再번역된다.

　이런 절차를 거치면 원래의 성경구절에는 약간의 변화가 생긴다. 그저 철자 몇 개가 바뀐 것뿐이지만 그 의미는 심오하다. 성서에 따르면 신은 말씀으로 세상을 창조하셨다. 세상은 신의 말씀으로 이루어진 거대한 책이다. 그 '말씀'을 이제 우리는 '염기서열'이라 부른다. 그런데 오늘날 인간은 신이 말씀으로 쓰신 그 책을 고쳐 쓴다. 그로써 인간은 '또 다른 신'alter deus이 된다. '창세기'라는 작품명만 보아도 카츠가 처음부터 제 작업이 갖는 신학적 의미를 의식했음을 알 수 있다. 〈제8일〉도 마찬가지다. 신은 6일간의 창조를 마치고 제7일에는 휴식을 취하셨다. 하지만 예술가는 제8일에도 창조를 계속한다. 한마디로 예술가는 신을 도와 신의 창작을 완성하며 연장한다는 것이다.

　이렇게 신의 말씀을 고쳐 쓰는 데는 당연히 윤리적 논란이 따르기 마련이다. 의학적 용도로 형질전환 동물을 만드는 것은 윤리적 정당화가 가능하나, 순수예술의 이름으로 생명체에 그런 조작을 가해도 되는지는 의심스럽기 때문이다. 사실 형질전환예술이 가능하다는 사실보다 더 우리를 당혹스럽게 만드는 것은, 플루서가 그런 예술의 존재이유로 제시한 근거다. "우리가 왜 개가 붉은 점에 푸른 털을 갖고 있으면 안 되냐고 물을 때, 우리는 실은 가까운 미래에 예술의 역할에 대해 묻고 있는 것이다. 그 미래는 핵과 인구의 폭발만이 아니라, 그와 동일한 정도로 지루함의 폭발로도 위협을 받고 있다."[7] 결국 이 모두가 현대인의 지루함ennui을 쫓기 위함이라는 것이다. 윌리엄 미첼은 이렇게 경고한다.

발터 벤야민은 기계복제에 대한 자신의 성찰을 마치면서 대량파괴의 유령을 언급한다. 우리 시대의 위험한 미학적 쾌감은 대량파괴가 아니라 대량창조, 즉 계속 확장되는 소비의 나선운동에 수반되는 무제한적인 생산과 복제의 환상이다.[8]

애니미즘과 토테미즘

에두아르도 카츠의 기획은 물론 플루서만큼 과격하지 않다. "형질전환예술가로서 나는 유전적 객체가 아니라 형질전환의 사회적 주체를 만드는 데 관심이 있다."[9] 카츠의 목표는 생명을 예술의 오브제objet d'art로 제작하는 게 아니라, 인간과 사회적 소통을 하는 또다른 주체로 만드는 데 있다. 1990년대 말 형질전환예술을 시작하기 이전에 카츠는 인간만이 아니라 동물을 위한 예술도 만들어낸 바 있다. 그가 부정하는 것은 인간중심주의이며, 그가 긍정하는 것은 기계와 식물과 동물과 인간의 경계가 없는 세계다. 그가 작업을 통해 실현하려는 것은 인간이 기계, 식물, 동물과 서로 교감하고 소통하는 테크노-애니미즘, 테크노-토테미즘이다.

> "생명예술은 '자연스러운 것'이라는 이상화한 관념에 도전해야 하며, 인간이 다른 종들의 진화의 역사에서 발휘한 역할(그리고 그 반대)을 인정해야 한다고 제안한다. 물론 동시에 우리가 '생명'이라 부르는 이 놀라운 현상에 대해서는 엄숙하고 겸손한 경외를 보여야 한다."[10]

결국 인간이 다른 종을 수정하는 것 자체가 자연스러운 진화의 과정이라는 얘기다. 우리는 흔히 '자연스러운 것'이란 종과 종 사이에 하나님이 세워놓은 경계를 지키는 것으로 생각한다. 하지만 이 역시 생물학적 근거가 없는 이데올로기("이상화한 관념")에 불과하다. 카츠는 인간의 신체 자체가 이질적인 생명체들과의 공생에 의존한다는 사실을 지적한다. 사실 세균이나 박테리아가 없다면 우리의 신체는 아예 생명활동을 할 수 없을 것이다. 따라서 동일성에 대한 강박ideology은 이제 이질성의 인정heterology으로 바뀌어야 한다. 카츠가 동물과 동물(《GFP 버니》), 동물과 식물(《제8일》). 인간과 식물(《에두니아》)의 키메라를 시도하는 것은 이 때문이다.

플라톤은 세 부류의 제작자를 구별한다. 조물주는 하나의 책상(=책상의 이데아)을 만들고, 제작자는 그것을 본떠 다수의 책상을 만들고, 모방자는 다시 그것들을 본떠 책상들의 가상을 만든다. 여기서 플라톤이 말하는 '모방자'란 물론 예술가를 가리킨다. 카츠의 작업은 이 플라톤의 존재론적 위계를 무너뜨린다. 그가 만든 이미지는 가상phainomea이 아니라 진짜onta, 즉 살아 있는 생물이다. '버추얼'virtual이라는 말은 두 가지 의미를 갖는다. 플라톤에게 버추얼이란 '폭로해야 할 가짜'fake에 불과할 것이다. 하지만 니체에게 버추얼은 무엇보다도 '실현시켜야 할 잠재성'virtus이다. 오늘날 니체주의는 테크놀로지를 통해 실현될 모양이다. 예술가들이 만들어내는 가상은 그 자체가 현실이 되었다.

33

반(半)생명의 조각

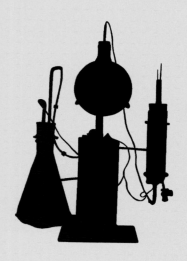

'조직배양'tissue culture이란 유기체로부터 떼어낸 세포나 조직을 페트리 접시 위에서 따로 배양하는 것을 일컫는다. 1885년 독일의 동물학자 빌헬름 루Wilhelm Roux(1850~1924)가 닭의 수정란에서 떼어낸 조직을 식염수에 담가 며칠 동안 살아 있게 한 것이 효시라지만, 현대적 의미에서 조직배양의 아버지는 미국의 동물학자 로스 G. 해리슨Ross Granville Harrison(1870~1959)이다. 1907년 그는 개구리에게서 떼어낸 신경세포를 고형림프 속에서 성장시키는 데 성공한다. 신경세포를 직접 배양하여 그것을 다양한 조건에 노출시킴으로써, 그는 당시에 제기된 여러 가지 신경학 가설을 검증할 기회를 얻게 된다. 이 실험을 통해 그는 유력하게 여겨지던 기존의 이론을 차례차례 무너뜨리고 현대 신경생리학의 토대를 닦는다.[11]

조직배양예술

이른바 후기생물학 시대가 열리면서 과학을 주도하는 담론이 물리학에서 생물학으로 넘어간 것처럼 보인다. 이에 따라 과학과 예술을 통합하려는 사람들의 상상력도 생물학적 수단을 창작에 활용하는 데까지 날아가고 있다. 예를 들어 핀란드 출신의 오론 캐츠Oron Catts와 영국 태생의 요낫 주르Ionat Zurr는 1996년 이후 이른바 '조직

오론 캐츠 그룹, 〈B(W)omb〉, 1998년

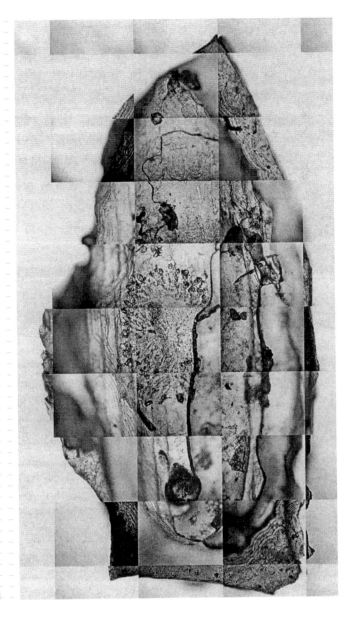

오론 캐츠 그룹, 〈창 1〉, 1999년

배양과 예술'TC & A; The Tissue Culture & Art이라는 프로젝트를 수행해왔다. TC & A 프로젝트의 요체는 살아 있는 조직을 바이오리액터 속에서 표현성을 갖는 특정한 형태로 배양하는 데 있다. 생물의 외부에서 배양되는 조직이라는 의미의 반생물semi-living을 만들어냄으로써 그들은 생물과 무생물 사이에 존재의 연속성을 설정하려 한다.

　TC & A 프로젝트는 조직공학tissue engineering을 이용해 반생명의 조각작품을 만드는 것으로 시작했다. 조직공학은 결함이 있거나 손상당한 신체부위를 대체하거나 지원하기 위해 해당 조직을 원하는 형태로 배양하는 기술을 가리킨다. 과거에는 손상당한 신체부위를 기계prosthesis로 대체했으나, 후기생물학 시대의 인간은 원하는 조직을 직접 배양한다. SF 소설가 허버트 조지 웰스H. G. Wells(1866~1946)는 1905년에 이미 이렇게 쓴 바 있다. "우리는 종종 생명체가 원재료로, 즉 형태를 잡아 변형할 수 있는 뭔가 조형적인 것으로 간주될 수 있다는 사실을 잊는다." 조직공학은 배양하는 조직의 형태를 신체기관과 일치시켜야 하나, 예술가는 그런 고려에서 벗어나 반생명을 재료로 자유로운 조형을 할 수 있다.

　조형의 방식 중 하나는, 상피조직과 결합조직을 입힌 후 유리주형에 넣어 플라스크 속에서 배양하는 것이다. 주형의 모양은 톱니나 폭탄 같은 기술적 생산물 형태로 디자인했다. 이는 생물과 무생물, 자연물과 인공물의 경계를 흐리기 위함이다. 〈B(w)omb〉(1998)은 그렇게 만들어졌는데, 제목에서 알 수 있듯 자궁womb이면서 동시에 폭탄bomb과 같은 모양을 하고 있다. 이 작품에 쓰인 재료는 실험에 희생된 토끼의 눈에서 채취한 세포들이라고 한다. 작가는 이 행위에 윤리적 의미를 부여한다. 토끼는 죽었지만, 조직배양예술을 통해 토끼의 일부는 그 생명을 9개월 넘게 연장할 수 있었다는 것이다. 이는 호라티우스의 유명한 시구를 연상시킨다. "나의 모든 것이 죽는 것은 아니다"Non omnis morior.

〈창 1〉(1999)도 비슷한 방식으로 만들어졌다. 즉 생체친화적bio-compatible 소재로 1만 년 전에 제작된 구석기 창날의 복제를 뜬 후, 이를 주형으로 삼아 조직을 구석기 유물의 형태로 배양하는 것이다. 구석기 유물의 형태를 선택한 것은, 이 도구와 더불어 인간이 최초로 자연으로부터 떨어져 나왔기 때문이다. 그로부터 1만 년이 지난 지금 다시 거기에 견줄 만한 일이 일어나고 있다. 이전까지는 생명이 그저 '주어진' 것으로만 받아들여졌다면, 앞으로는 생명까지도 새로운 생물학적 도구의 재료가 되고 있다. 살아 있는 것마저 '제작된' 환경의 일부가 되기 시작한 것이다.[12] 이 방향으로는 이제 겨우 첫 걸음을 뗀 상태이기에, 이 분야에서 우리는 아직 석기시대에 있는 셈이다.

걱정을 들어주는 인형

미숙아가 인큐베이터 속에 들어가야 하듯이, 생명체에서 떼어낸 조직을 생체 외부에서 배양하려면 인공적으로 생체 내부에 있을 때와 비슷한 조건을 갖춰줘야 한다. 바이오리액터 속에서 인큐베이팅해야 하므로, 조직배양예술은 대개 장비가 갖춰진 실험실 밖으로 나오기 어렵다. 오염을 방지하기 위해 무균 상태를 유지하고, 살아 있도록 영양분을 제공해야 하며, 온도를 적당히 조절해줘야 하기 때문이다(이를테면 어류나 양서류는 실온에 맡겨둬도 되나, 포유동물의 조직은 화씨 37도를 유지해야 한다). 공공 미술관이 실험실 조건을 만족시킬 수는 없는 일이다. 이 때문에 최초의 조직배양예술 전시회에서는 작품이 죽은 채로, 말하자면 포름알데히드 용액에 담긴 채로 전시되어야 했다.

최초로 작품이 산 채로 미술관에 전시된 것은 '아르스 일렉트로니카'에서였다. 매년 열리는 이 미디어 아트 페스티벌에 오론 캐츠 Oron Cotts 그룹은 〈조직배양과 예술(인공) 자궁〉(2000)이라는 설치작품을 출품했다. 이를 위해 그들은 조직배양을 하는 실험실의 조건을 그대로 미술관으로 옮겨놓고, 날마다 배양되는 조직에 영양분을 제공하는 퍼포먼스를 치렀다. 전시회장을 방문한 관객은 이 의식과 더불어 구멍을 통해 바이오리액터 안에서 조직이 자라나는 모습을 엿볼 수 있었다. 이는 반생명의 물질을 창조하는 절차를 공개해 그에 대한 대중의 관념을 탈신화화하고, 인간이 창조한 생명은 전적으로 그것을 배양하는 인간의 보살핌을 요구한다는 사실을 강조하기 위해서였다고 한다.

이 설치작품의 중심을 이루는 것은 조직공학으로 배양해낸 일곱 개의 인형이었다. 절차는 다음과 같다. 먼저 원형이 되는 과테말라 인디언의 인형을 구한다. 이어 생분해/흡수성 고분자화합물(PGA, PLGA와 P4HB), 역시 생분해와 흡수가 되는 외과 수술용 봉합사를 재료로 하여 수공으로 원본의 복제를 만들어낸다. 주형이 완성되면, 거기에 생쥐의 내피세포를 심은 후 '37°C/5퍼센트 CO_2'의 조건하에서 인큐베이터를 통해 배양한다. 그렇게 완성된 일곱 개의 인형은 세포의 유형, 고분자 화합물의 분해 정도, 인공자궁(바이오리액터) 내부의 환경에 따라 각각 독특한 모습을 띠게 된다고 한다.

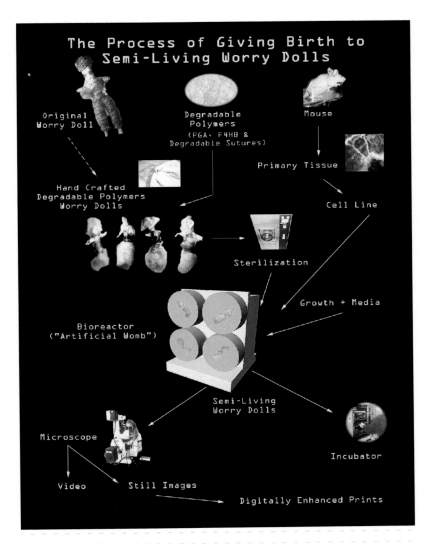

오론 캐츠 그룹, 〈조직배양과 예술(인공) 자궁−살아 있는 걱정 인형〉, 2000년

오론 캐츠 그룹, 〈희생자 없는 가죽이 배양되는 기술과학적 '신체'〉, 2004년

작품의 개념적 배경이 된 것은 과테말라의 전설이다. 과테말라의 아이들은 잠자리에 들 때 상자에서 인형을 꺼내 걱정거리를 말한다고 한다. 그러면 인형이 알아서 밤 사이에 그 걱정거리를 풀어준다는 것. 상자 속에는 여섯 개의 인형이 들어 있으므로, 과테말라의 아이들은 하루에 최대 여섯 개의 걱정을 해결할 수 있었던 셈이다. 작가는 작품에 일곱 개의 인형을 사용했는데, 그것은 아이들보다 걱정거리가 더 많음이 틀림없는 어른들을 배려한 조치라고 한다. 각각의 인형은 현대의 대표적 걱정거리—이를테면 절대적 진리에 대한 걱정, 생명기술에 대한 걱정, 자본주의에 대한 걱정 등—를 대표한다.[13] 관객은 온라인을 통해 저 바이오 반생명 인형에게 자신의 걱정을 털어놓을 수 있고, 남의 걱정을 엿들을 수도 있다.[14]

희생자 없는 유토피아

'반생명'이라는 애매한 위상은 명확하게 대답하기 곤란한 윤리적 물음을 제기한다. 예를 들어 〈돼지 날개〉(2001)라는 작품을 보자. 이 작품은 돼지의 뼈조직을 척추동물이 가진 날개의 세 가지 유형—천사를 상징하는 새의 날개, 악마를 상징하는 박쥐의 날개, 가치중립적 익룡의 날개—으로 배양한 것이다. 문제는 이 작품이 반쯤은 살았다는 데 있다. 날개가 생명을 유지하려면 날마다 보살펴줘야 하지만 현실에서 그 일을 할 사람을 찾을 수는 없는 노릇, 그리하여 캐츠는 '죽임의 의식'을 치른다. 의식은 간단하여, 작품을 그냥 바이오리액터에서 꺼내 관객의 손에 맡기는 것이다. 관객의 손에 묻은 곰팡이와 박테리아 때문에 조직이 죽으면, 사망한 날개는 이제 조그만 관 속에 담겨 매장의식을 치르게 된다.

　반생명은 반은 살아 있기에 그것을 죽이는 것이 윤리적 죄책감을 낳을 수 있지만, 반은 죽은 것이기에 온전히 살아 있는 생명을 죽이는 것보다는 좀 더 윤리적으로 느껴질 수가 있다. 캐츠의 〈희생자 없는 유토피아〉 연작은 이 물음에 대한 탐색이다. 프랑스 낭시에 전시된 〈반생명 음식: 탈신체화한 요리〉(2003)는 살아 있는 개구리에서 채취한 골격근을 생체고분자 위에서 배양하여 잠재적 식품으로 제시한 것이다. 캐츠는 몇몇 자원자들과 함께 이 고기를 먹었다고 한다. 원래 이 프로젝트는 2000년 하버드에서 시작되었는데, 그때는 태어나지 않은 양의 골격근을 사용했었다. 결국 태어나지도 않은 동물로부터 스테이크를 얻은 셈인데, 그때는 그걸 먹지 않았는데, 다름 아니라 "식품 생산 허가를 받지 못했기 때문"이란다.[15]

　연작의 또 다른 작품 〈희생자 없는 가죽〉(2003)은 인간과 생쥐를 혼합한 불멸화 세포주immortalized cell line를 이용해 만든 미니어처 재킷으로, 캐츠는 이를 "기술과학적 신체 속에서 배양된 봉합선 없는 자켓의 원형"이라 부른다. 이 작품을 만들 때 실제로 특정 기업으로부터 이 아이디어의 상업화 가능성에 관한 문의를 받기도 했다고 한다. 현재는 음식을 섭취하기 위해 혹은 옷을 만들기 위해 살아 있는 동물을 죽여야 하지만, 조직공학을 이용하면 굳이 동물을 죽이지 않고도 동물의 고기와 모피와 가죽을 얻어낼 수 있다. 이것이 조직공학에서 말하는 '희생자 없는 유토피아'의 비전이다. 캐츠는 연작을 통해 거의 부조리로 치닫는 극단적 방식으로 이 조직공학의 비전에 함축된 아이러니와 패러독스를 드러내려 한다.[16]

환상과 과학

조직공학이 대중에게 준 충격을 상징하는 것은 바로 등에 인간의 귀를 달고 있는 바칸티 쥐vacanti mouse일 것이다. 이 괴물은 한때 유전공학으로 만들어낸 인간과 쥐의 키메라로 여겨져, 유전공학의 무분별한 사용에 반대하는 생태론자들의 거센 항의를 받기도 했다. 하지만 사실을 말하자면 그 쥐에는 인간의 조직이 전혀 들어가지 않았다. 인간의 귀 모양을 한 것은 소의 연골조직이기 때문이다. 즉 인간의 것을 닮은 저 귀는 유전공학이 아니라 조직공학의 산물로, 배양접시 대신 생쥐를 살아 있는 바이오리액터로 사용했을 뿐이다. 물론 쥐 자체에는 유전자 조작이 가해졌지만 털 없는 쥐의 피부에 소의 연골을 이식할 때 발생하는 거부반응을 무력화하는 데 사용되었을 뿐이라고 한다.

'바칸티 쥐' 하면 떠오르는 것이 바로 스텔락Stelarc; Stelios Arcadiou(1946~)의 실험이다. 이 오스트리아 작가는 오래전부터 자신의 팔에 제3의 귀를 심겠다는 염원을 갖고 있었다. 2006년 그는 대중에게 약속한 대로 정말로 실험실에서 배양된 귀를 왼 팔의 피부에 이식했다. 몇 달 후 이식의 결과를 공개했는데, 별로 만족스럽지는 못했던 것 같다. "현재는 거의 부조浮彫에 가깝지만, 그래도 귀의 모양을 인식할 수는 있다." 이식 당시와 달리 제3의 귀는 신체 속으로 용해되어 들어가는 모양이다. 이 사건을 기념하기 위해 오론 캐츠는 스텔락에게 또 다른 귀를 선사하기로 했다. 스텔락의 귀를 4분의 1 스케일로 본떠 만든 이 귀는 인간의 체세포를 사용해 (3D 조형을 가능하게 해주는) 회전하는 중력 바이오리액터 속에서 배

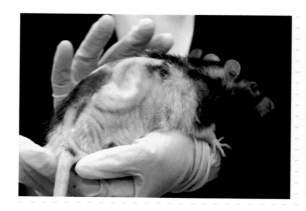

바칸티 쥐

자신의 팔에 제3의 귀를 이식한 스텔락의 실험

히에로니무스 보슈, 〈천국의 정원〉 일부, 1504년경

양한 것이다.[17]

　르네상스의 화가 히에로니무스 보슈Hieronymus Bosch(1450~
1516)의 이미지는 온갖 환상으로 가득 차 있다. 거의 광기를 연상케
하는 그의 환상에는 생물과 무생물, 동물과 식물, 어류와 조류와 포
유류를 가르는 경계가 존재하지 않는다. 상이한 종들은 종간 장벽
을 허물고 자유로이 이행하고 횡단함으로써 근대의 합리주의가 세
워놓은 분류법taxonomy을 무색하게 만들어버린다. 여기서 물리적
자연-화학적 자연-생물학적 자연-사회학적 자연이라는 진화의
선형성은 무너진다. 과거에는 환상이 했던 일을 오늘날에는 과학이
하고 있다. 공교롭게도 보슈의 걸작 〈천국의 정원〉에도 귀가 등장
한다. 형상은 인간의 귀이지만 거대한 칼에 달려 있다. 광기에 매혹
되었던 르네상스 화가의 환상이 오늘날 조직공학을 통해 부활했다.

34

실리콘의 인공생명

루이 백Louis Bec(1936~)은 프랑스의 인공생명 예술가이자 이론가다. 자신을 '동물체계론자'zoosystémicien라 부르는 그는 1972년 유사자연과학연구소Institut Scientifique de Recherche Paranaturaliste를 설립한 이후 수십 년 동안 '환상적 인식론'이라는 방법론에 기초하여 '테크노동물기호학'을 발전시켜왔다. 현재는 프랑스 문화성 예술창작국의 뉴 테크놀로지 국장으로 재임 중이다. 1987년에는 미디어 철학자 빌렘 플루서와 함께 책을 펴내기도 했는데, 그 책은 유사자연과학연구소에서 새로 발견한 종種에 관한 보고서의 형식을 취하고 있다. 물론 그것은 진짜 학술원에 제출된 보고서가 아니라―보르헤스가 즐겨 인용하는 가짜 고전처럼―허구의 보고서다.

　책에는 빌렘 플루서의 텍스트와 함께 루이 백이 직접 그린 일련의 동물 이미지가 수록되어 있는데, 물론 이 동물들은 발견된 것이 아니라 창작된 것이다. 그중 하나인 〈밤피로멜라스 에네드라로팔론〉vampyromelas enedraropalon을 보자. 심해의 오징어를 닮은 이 이미지는 드로잉으로 되어 있어, 누구나 허구임을 알 수 있다. 이를테면 그 이미지를 보는 이들은 누구나 19세기의 해양소설, 혹은 《해저 2만 리》 같은 SF소설에 나오는 거대한 문어를 떠올릴 것이다. 하지만 루이 백이 제시하는 다른 이미지들은 이와는 뉘앙스가 사뭇 다르다. 이를테면 그가 디지털 사진의 형태로 제시하는 작품 속의

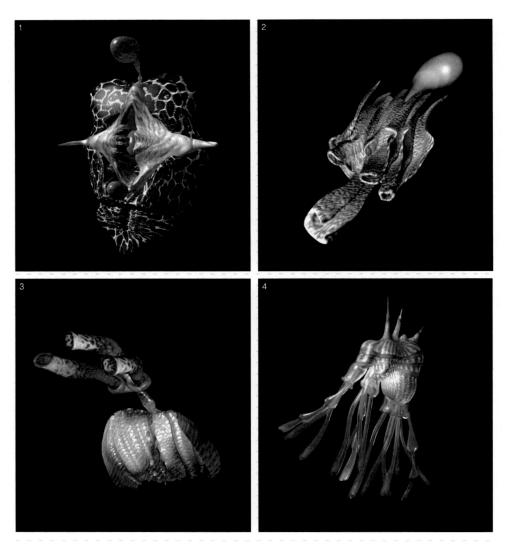

❶ 루이 벡, 〈말라스쿠노도세〉, 1997~1999년

❷ 루이 벡, 〈마이안드로세〉, 1997~1999년

❸ 루이 벡, 〈이스티오네 사르크시〉, 1997~1999년

❹ 루이 벡, 〈엠발로네 노데이아〉, 1999년

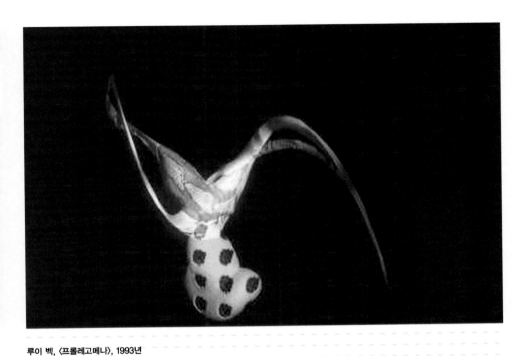

루이 벡, 〈프롤레고메나〉, 1993년

동물들은 너무나 리얼해서, 마치 인간의 발길이 닿지 않은 외딴 열대의 바닷속에서, 혹은 엄청난 수압을 견뎌내는 잠수정을 타야만 도달할 수 있는 심해에서 찍어 온 사진처럼 보인다.

사람들은 손으로 그린 이미지는 허구일 수 있다고 생각하나, 카메라로 찍은 이미지는 사실이라 믿는다. 하지만 루이 백의 이미지는 사진이 아니다. 애초 피사체가 없기 때문이다. 그가 우리에게 제시하는 다양한 해저생물은 현실의 바다가 아니라 상상의 바다에 사는 허구의 존재들이다. 그것들은 '유사자연', 즉 작가가 상상하는 인공생명을 포토리얼하게 재현한 컴퓨터그래픽에 불과하다. 인류는 예로부터 수많은 상상동물을 만들어왔다. 신화와 전설의 세계는 그런 상상의 동물들로 차고 넘친다. 하지만 루이 백의 동물은 그런 것과는 차원이 다르다. 비록 상상의 산물이지만 그 상상 자체가 철저하게 과학적으로 시뮬레이션되었기 때문이다. 그의 생명체들이 보여주는 놀라울 정도의 리얼리즘도 아마 그 때문일 것이다.

환상적 인식론

루이 백의 기획을 이해하려면 그가 사용하는 몇 가지 용어를 이해해야 한다. '동물체계론'은 동물의 신체를 하나의 체계로 간주하고, '동물기호학'은 동물의 활동을 하나의 커뮤니케이션으로 간주한다. '동물체계론'과 '동물기호학'을 합치면, 동물의 생명활동을 하나의 커뮤니케이션 체계로 바라보는 관점이 성립한다. 여기서 '커뮤니케이션'이라 함은 원숭이의 제스처 언어나 고래들의 음성 언어처럼 그저 음성이나 동작을 이용한 정보 교환만을 의미하는 것이 아니다. 개체 내에서 화학물질 분비를 통한 기관들 사이의 물질대사, 개체들 사이의 염색체 교환 같은 교환관계는 물론이고, 자연생명과 인공생명, 다시 이것과 인간 사이의 커뮤니케이션까지 포함하는 폭넓은 외연을 가진 유물론적 개념이다.

'테크노동물기호학'technozoosémiotique은 여기에 또 하나의 차원을 덧붙인다. 바로 인공생명AL을 만들어내는 프로젝트다. 기호를 조합하여 문장을 만들어내듯이, 유전자나 염색체 같은 생명의 기호를 조작하면 새로운 생명을 만들 수 있다. 물론 인간은 이미 오래전부터 종간 교배나 착종을 통해 인위적으로 새로운 종을 창조해왔다. 우리가 아는 대부분의 가축과 애완동물 그리고 우리가 먹는 대부분의 식물은 이미 인공적으로 종자를 개량한 것들이다. 과거에 이는 자연적 방법으로 이루어졌으나, 오늘날 이 종자의 개량은 자연이 허용하는 한계를 넘어 유전자 조작과 이식, 클로닝 등 인공적 방식으로까지 확장되었다. 이 상황은 당연히 연구자들에게 과거와는 다른 새로운 인식태도를 요구한다.

새로이 요청되는 그 인식태도를 벡은 '환상적 인식론'épistémologie fabulatoire이라 부른다. 과거의 인식론이 '참이냐 거짓이냐'를 따지는 데 머물렀다면, 환상적 인식론은 그것을 넘어 현실에 아직 존재하지 않는 것을 상상해내는 발견술적heuristic 인식론을 의미한다. 전자가 기존의 패러다임에 사로잡혔다는 의미에서 소극적 인식론이라면, 후자는 새로운 패러다임을 만들어낸다는 의미에서 적극적 인식론이라 할 수 있다. 연구자의 눈이 이미 존재하는 것에만 사로잡혀 있을 경우 상상력은 제한을 받고 만다. 따라서 인공생명 연구는 이미 존재하는 것의 한계를 넘어 아직 존재하지 않는 것을 창조해야 한다. 이렇게 과거가 아니라 미래를 향해 생명을 기획하는 것을 백은 '선창조'pro-creation라 부른다.

인공생명을 창조하는 데는 유전자 조작을 이용하는 방법도 있지만, 루이 백이 택한 것은 사이버공간에서 가상의 생물을 창조하는 방식이었다. 컴퓨터 시뮬레이션을 이용한 AL 연구는 매우 유용한 도구다. 현실에서 진화는 종종 수십만·수백만 년에 걸쳐 이루어지는 점진적 과정이지만 컴퓨터 시뮬레이션을 이용할 경우 이 과정을 몇 시간 혹은 며칠로 단축할 수가 있다. 예컨대 진화 알고리즘을 이용하여 오래전 지구에 소행성이 떨어지지 않았다면 현재 지구의 생명체들이 어떤 모습을 하고 있을지, 혹은 장기적 기후변화의 패턴으로 미루어 현재의 생물들이 1만 년 후에는 어떤 모습으로 변화할지, 짧은 시간 안에 시뮬레이션하여 그 결과물을 볼 수가 있다.

창조론적 접근

루이 백의 해저생물은 가상의 동물virtual creature에 불과하다. 그는 이 생물들을 드로잉, 디지털 모델링, 홀로그램, 인터랙티브 예술 등 다양한 형태로 제시한다. 특히 컴퓨터그래픽으로 모델링한 것은 정말로 해저생물의 모습을 카메라로 찍은 듯 생생하여, 동물도감에 슬쩍 넣어놔도 가짜인지 구별하기 힘들 정도다. 그동안 칼 심스를 비롯해 수많은 연구자가 가상의 동식물을 창조해왔지만, 대부분 동물의 외관이나 물리적 운동만을 시뮬레이션하는 데 그쳤다. 루이 백은 다르다. 그는 생명활동을 하나의 체계로 보고 동물의 물리적 운동만이 아니라 그 내부기관 등 생리적 구조, 환경과의 상호작용까지 반영해 서로 맞물려 돌아가는 하나의 '생태계'ecosystem로 시뮬레이션한다.

이로써 인공생명은 물리학적 단계에서 생리학적 단계로 올라선다. 이를테면 인터랙티브 설치작품으로 만들어진 〈디아파플라노메나〉diaphaplanomena(2004)의 예를 보자. 이 가상의 동물을 만들 때 루이 벡과 공동 연구자들은 저 외관이나 운동만이 아니라, 그 생명체의 기관과 작용까지 모델링했다. 그들이 창조한 생명체는 섭식기관, 소화기관, 순환기관, 온도조절기관을 갖고 있다. 물론 이 기관들의 생리학적 작용 역시 그들의 시뮬레이션 속에서 정교하게 모델링된다. 다양한 점성의 액체 속에 사는 이 생물은 차가운 조류를 만나면 신체의 온도조절 시스템을 작동시켜 항상성을 유지한다. 또한 섭식과 소화의 능력을 갖추고 있어 주위환경에서 먹이를 받아먹는다. 위협을 느끼면 그 자리를 회피하는 기동을 하기도 한다.

물리적 운동과 생리적 활동을 통합한 인공생명의 모델링, 이는 기존의 생물학적 방법으로는 생명활동을 제대로 이해할 수 없다는 루이 벡의 확신에서 나온 것이다. 그는 생명을 제대로 이해하기 위해 일종의 인식론적 전회를 수행한다. 어떤 것을 이해하는 가장 좋은 방법은 직접 만들어보는 것이다. 그렇다면 생명을 이해하는 가장 좋은 방법 역시—비록 가상으로라도—직접 만들어보는 것이 아니겠는가. 생명의 비밀에 다가가는 이 새로운 방법을 루이 벡과 그의 공동연구자들은 '창조론적 접근'creationist approach이라 칭했지만, 그들은 이것이 '진화론적 접근'evolutionist approach과 화해를 이룰 수 있다고 믿는다.[18] 여기서 오랫동안 갈등관계였던 신학과 과학이 하나가 된다.

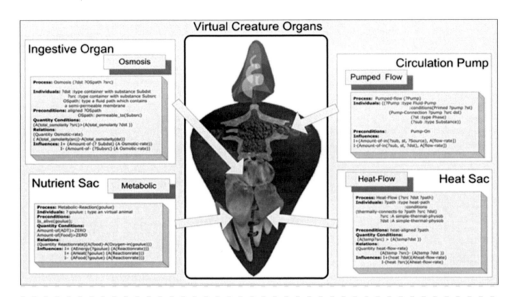

가상 동물 〈디아파롤라노메나〉의 기관 소개

루이 백은 인공생명을 "생명체와 기술적으로 창조된 유사생명 near-living 사이의 긴장"으로 규정한다. AL이 현실의 생명에 너무 근접하면 결과가 흥미롭지 못하고, 너무 멀어지면 허무맹랑한 공상으로 전락한다. 그러므로 진화론적 '분석'과 창조론적 '상상'은 적절한 균형을 유지해야 한다. 이렇게 과학에 환상을 도입함으로써 생물학의 영역은 현실적 세계를 넘어 잠재적 세계, 대안적alternative 세계로까지 확대된다. 과거의 생물학이 '존재하는' 생명체만을 연구해왔다면, 환상적 인식론은 '존재할 수도 있었을' 생명체 혹은 (인간의 발이 닿지 않은 심해나 외계에) '존재할지도 모르는' 생명체까지도 다루며, "기술적 생물다양성의 선先창조를 통해" "생명의 미래를 매핑"한다. 이것이 환상fabulation이 가진 인식론적 힘이다.

작품으로서 인공생명

테크노동물기호학은 가설로서의 동물학hypozoology이다.[19] 그것은 허구적 생명의 가상적 리허설에 불과하다. 하지만 동시에 그것들은 생리학적 수준에서 모델링되었기에 여러 측면에서 실제 생물에 가깝다. 백이 창조한 생명들은 허구이면서 현실인 어떤 것이다. 이들은 예술'작품'인 동시에 과학'모형'이다. 백은 생명체를 "자기 고유의 권리를 갖는 표현적 실체"로 재규정한다. 즉 생물 자체를 고유한 표현 능력을 가진 하나의 예술작품으로 바라봐야 한다는 것이다. 그렇다고 테크노동물기호학이 영원히 예술적 가상의 영역에 머무르려 하는 것은 아니다. 예술작품이 과학모형과 동일한 수준이라면, 가상의 리허설은 생물학적 현실로 이어질 수 있다. 백은 우리에게 묻는다.

예술적 노력의 심장에 다양한 시뮬레이션을 통해 생명을 창조하려는 데미우르고스의 야망이 있어왔던 것은 아닐까? 클로닝, 유전공학, 유전자 이식 생명체의 창조가 기형학적tetralogical 예술로 나아가는 길을 열어줄 것인가?[20]

예로부터 예술가를 '또 다른 신'이라 부르는 어법이 존재했으나, 그것은 그저 화폭 위에서 세상을 만들어내는 예술가의 작업을 신의 창조에 빗대는 은유에 불과했다. 하지만 예술가가 창작의 일환으로서 클로닝과 유전공학과 유전자 이식을 통해 존재하지 않던 새로운 생명의 종을 창조한다면, 그때 예술가는 은유적 의미가 아니라 축어적 의미에서 데미우르고스가 될 것이다. 이때 예술가의 창작은 조물주의 창조와 동일한 것이 된다. 벡 자신도 인공생명을 그저 가상의 공간에 머무는 허구적 존재로만 보지는 않는다. 그는 그 가상의 피조물들에게 현존성을 부여할 수 있다고 단언한다.

생명체는 존재한다. 생명체는 소통한다. 그것은 자기 고유의 언어 속에서, 그리고 그 언어를 통해서 자신을 재발명한다. 생명체를 재현한 인공물은 그 생명으로 하여금 현존성을 띠게 할 수 있다.[21]

〈디아파플라노메나〉는 디지털 설치작품으로, 관객의 입력에 반응하여 그들과 상호작용을 한다. 우리는 그에게 먹이를 주고, 조작을 통해 그의 행동에 영향을 끼치고, 환경을 바꿔줌으로써 그의 신진대사에 변화를 일으켜 장기적으로 그의 진화과정에 참여할 수 있다. 물론 이 모두는 아직은 가상의 환경에서 일어난다. 하지만 그 속에서 이미 "유기체의 생명유전공학과 그래픽 이미지의 디지털 애니메이션 사이의 유비는 완성"[22]되었다. 시뮬레이션simulation과 현실화actuation의 차이는 사라지고 있다. 유전공학이 그 가상의 생명들에 현존성을 부여할 때 모니터나 홀로그램이나 프로젝션의 가상이 더는 이미지에 불과한 것일 수 없다. 그림과 설계도는 다르다. 루이 백이 창조한 환상의 생물들은 미래의 블루 프린트, 즉 앞으로 존재하게 될 생명의 설계도가 될 것이다.

그리고 인 마키나

'인 비보', '인 비트로', '인 실리코'와 더불어 생명예술의 또 다른 영역으로 '인 마키나'in machina를 꼽을 수 있다. 즉 기계로 생명을 창조하는 것이다. 네덜란드의 작가 테오 얀센Theo Jansen(1948~)은 지난 20여 년간 해변에 '움직이는 조각'kinetic sculpture을 설치해왔다. 그런데 그의 조각은 우리에게 익숙한 키네틱 아트와는 달리 생명체의 모습을 하고 있다. 바람을 동력원으로 삼아 스스로의 힘으로 해변을 산책하는 이 괴怪생명체는 1비트 용량의 원시적 두뇌까지 갖추고 있어, 다리 주위로 물이 차오르면 움직이던 방향을 반대로 바꾸어 모래사장으로 빠져나오기도 한다.

'키네틱 아트'는 산업혁명의 산물이다. 산업혁명은 인간이나 우마牛馬의 자연적 동력을 전기나 화석원료에 의해 움직이는 기계로 대체했다. 생활세계 역시 산업혁명 이후 급격하게 자연적 환경에서 인공적 환경으로 바뀐다. 석재나 목재 등 자연적 재료를 사용

테오 얀센,
〈아니마리스 페르치피에레 프리무스〉,
2006년

하는 과거의 건축이 자연의 유기적 형태를 모방한다면 철근, 유리, 콘크리트 등 그 자체가 인공적인 재료를 사용하는 현대의 건축은 기하학적 형태를 지향할 수밖에 없다. '자연의 모방'이라는 고전적 미학이 20세기 들어 '추상'이나 '몽타주'의 기계미학으로 바뀐 것은 이 때문이다. 이 기계미학을 글자 그대로 실현한 것이 바로 키네틱 아트다.

테오 얀센의 작품 역시 어떤 의미에서는 키네틱 아트로 분류할 수 있다. 하지만 그의 작품은 더는 '모던'하지 않다. 영화 〈모던 타임스〉(1936)에서 반복적 노동을 통해 결국 기계가 되어버린 찰리 채플린을 떠올려보라. 이렇게 생명을 기계화하는 것이 모던이라는 시대의 특성이라면, 얀센의 작업은 거꾸로 기계를 생명화한다. 얀센의 '기계'는 외려 '생물'이 되려 한다. 20세기의 키네틱 아트가 산업사회를 반영한다면, 얀센의 그것은 산업이후postindustrial 사회를 상징한다. 한마디로 모던의 키네틱 아트가 기계공학을 사용했다면, 얀센의 작품은 거기에 생명공학을 결합시킨다.

이로써 기계공학에 진화론이 도입된다. 얀센의 목표는 새로운 기계생물의 종種을 창조해, 그것들이 마침내 해변에서 살아남는 능력을 갖출 때까지 진화시키는 데 있다. 각각의 종은 고유의 유전적 특성이 있다. 자연선택과 적자생존의 법칙에 따라 우수한 유전자는 후대로 이어지고 열등한 유전자는 도태한다. 기준은 동작의 신속성이다. 빠른 놈들은 살아남고, 동작이 굼뜬 놈들은 멸종한다. 얀센은 PVC와 레모네이드 페트병으로 만든 이 인공생명에 학명까지 만들어 붙인다. 예컨대 〈아니마리스 쿠렌스 벤토사〉Animaris Currens Ventosa를 보자. 이건 아마 '바람으로 움직이는 놈'이라는 뜻이리라.

환경에 적응하는 생물처럼 얀센의 기계생명 역시 해변이라는 조건에 최적화되어 있다. 뼈대는 플라스틱 관으로 되어 있고, 척추는 크랭크 축으로 이루어져 있다. 크랭크 축을 따라 줄줄이 달린 수십 개의 발들은 타이어에 비해 표면에 닿는 면적이 작다. 이것이 저항을 줄여줘 녀석들은 자동차보다 편하게 해변의 모래사장 위를 거닌다. 놈들의 발은 '바퀴의 진화한 형태'인 셈이다. 해변에서의 생존 법칙은 '물을 피하라'이리라. 얀센의 기계생명은 뇌까지 갖고 있으며 뇌가 처리하는 것은 0과 1의 신호. 용량 1비트의 원시적 두뇌로 놈들은 생존에 필요한 판단을 내린다. '어디가 물이고 어디가 뭍인가.'

기계생명에는 촉수로 사용되는 가는 파이프가 달려 있어, 다리가 물에 잠겨 파이프에 공기 대신 물이 흡입되면 녀석은 곧바로 방향을 바꿔 뭍으로 걸어 나온다. 원시적 두뇌가 없다면 놈들은 밀물 때 익사하고 말 것이다. 촉수를 통해 받아들인 신호는 뇌로 전달되고, 뇌는 다시 근골격기관에 신호를 보내 생존에 필요한 행동을 취하게 만든다. 해변에서 위험한 것은 밀물만이 아니다. 바닷가의 강풍도 기계생명을 하늘로 쉽사리 날려버릴 수 있다. 그래서 어떤 놈은 바람이 강해지면 그 힘으로 해머를 작동시켜 발을 땅속에 박아 넣는다. 몸을 대지에 고정해 강한 바람에 휩쓸리지 않으려는 것이다.[23]

하지만 놈들은 아직 해변이라는 환경에서 혼자 살아가지 못한다. 그러려면 앞으로 갖춰야 할 기능이 많다. 얀센이 하는 작업의 요체는 생존에 필요한 그 기능을 생각해내고, 그 해법을 기술적으로 창안하는 데 있다. 예를 들어 가장 최근에 탄생한 종은 에너지

빅토리아 시대의 컴퓨터를 상상하며 만든 스팀펑크 PC 'The Clacker', 2011년

저장능력까지 갖고 있다. 즉 부는 바람을 페트병 속에 압축 저장했다가 그 공기를 바람이 없을 때 동력으로 꺼내 쓰는 것이다. 이렇게 에너지의 섭취와 소비를 시간적으로 분리함으로써 기계는 생명체에 한 걸음 더 가까워진다. 밀물이 밀려오는데 바람이 불지 않아 움직일 수 없을 때는 이렇게 저장해두었던 에너지를 활용해 목숨을 구할 수 있다.

얀센은 수년 내에 자신의 인공생명들이 자립능력을 획득할 것이라며, 그때 자기 생명체들을 모두 해변에 방사할 작정이라고 말한다. 거대한 인공생물들이 유유자적 해변을 거니는 모습을 상상해보라. 얼마나 으스스하겠는가? 그놈들은 거기서 인간의 도움 없이 살아가다가 수명이 다하는 날 숨을 거둘 것이다. 그렇게 죽은 기계동물들의 사체로 덮인 해변은 또 얼마나 으스스할까? 그놈들은 실은 일상의 흔한 재료들이 그저 특정한 방식으로 조립된 것에 불과하다. 이렇게 '생명이 있는 것'과 '생명이 없는 것' 사이의 구별이 사라질 때 나타나는 효과를, 앞에서 '언캐니'라 불렀음을 기억하자.

빅토리아 시대에 컴퓨터가 있었다고 가정해보자. 그 작동원리는 디지털이지만 몸체는 목공으로 제작된 기계식 컴퓨터라면 어떨까? 얀센의 기계생명은 '스팀펑크'steampunk 계열의 영화에 나오는 회고-미래주의적retro-futurist 장치로 보인다. 얀센의 작품은 첨단 콘셉트를 원시적 기술과 결합한다. 그리하여 그것은 가까이서 보면 매우 엉성하게 엮은 PVC 구조물이지만 멀리서 보면 정교하게 움직이는 생명체다. 이렇게 생물학적 기제를 재현하는 인공생명AL의 기획을 산업혁명 이전의 가내수공업의 기술로 구현했다는 점. 그의 기계생명이 지닌 치명적 매력은 여기서 나온다.

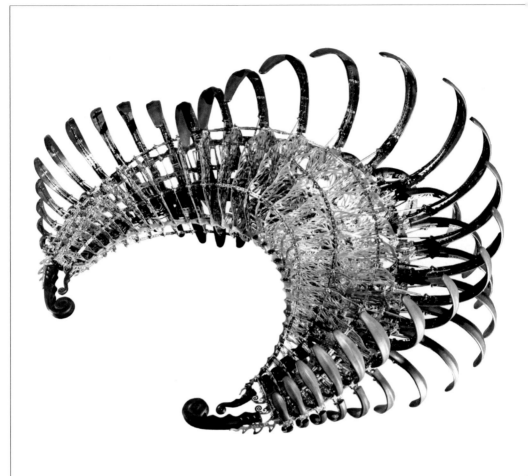

최우람, 〈오페르투스 루눌라 움브라〉, 2008년

스탠퍼드대학교에서 만든 스티키봇(Stickybot).

선택적 접착력을 가진 도마뱀의 발을 모방하여 수직의 벽면 위를 걸어다닐 수 있다.

한국 작가 최우람 역시 인공생명체들을 만들어왔다. 얀센의 작업이 기계에 진화론을 적용한 결과라면, 최우람의 작업은 파타피지컬한 상상의 산물이다. 그는 도시문명이 뱉어낸 산업폐기물과 쓰레기더미들 틈에 모터, 회로, 금속 등의 부품으로 이루어진 기계생명체가 산다고 상상한다. 그가 창설한 '기계생명체연합연구소'United Research of Anima Machine; U.R.A.M.에서는 미기록종을 발견하여 보고하는 생물학자처럼 이제껏 알려지지 않은 기계생명체들을 찾아 학명을 부여하고, 그 행태와 습성을 기록한 사이비 보고서를 만든다. 그중 하나를 보자.

최근 달빛의 에너지를 연구하던 몇몇 과학자는 태양광선이 달에 반사될 때, 대부분의 빛에너지가 달에 흡수되는 대신 인간의 환상을 증폭시키는 에너지를 다량 방출한다는 것을 발견했다. 특히 바다와 인접한 오래된 항구도시 주변에는 신세계로부터 전해지는 수많은 환상이 모여드는 곳으로, 그 증폭의 정도가 내륙의 도시들보다 크며 간혹 환상 그 자체가 물리적으로 실현되는 일도 발생한다고 한다. 2008년 영국 리버풀에서 발견된 〈오페르투스 루눌라 움브라〉Opertus Lunula Umbra는 알버트 독Albert Dock에서 수면에 반사된 달을 바라보던 어린이에 의해 처음 관찰되었는데, 이것은 달빛에 의한 환상의 현시화의 대표적 예라고 할 수 있다. (……) 국가 간 기계생명체연합연구소에서는 이 생명체의 기반이 과거에 침몰된 배들과 현대의 배를 구성하는 구조 및 기계들로 이뤄진 것을 발견했으며, 이것을 새로운 종의 'Anima Machine'으로 규정하고 이들을 관찰하기 위한 장치를 제작하기에 이르렀다.[24]

그의 내러티브 속에서 기계생명체들은 도시의 전기에너지를 먹고사는 것으로 설정되나, 실제로는 동력(전기)으로 움직인다. 얀센의 작업과는 달리, 최우람의 기계에 생명을 주는 것은 외관과 동작의 놀라운 사실주의다. 무기물로 이루어진 기계임에도 정교한 모양과 섬세한 동작으로 인해 정말로 살아 있는 생명체처럼 보여, 차라리 그의 허구적 서사를 사실로 믿고 싶을 정도다. 외관과 동작의 아름다움이 그의 허구적 생명을 후기산업사회를 대표하는 새로운 유형의 '키네틱 아트'로 만들어준다.

이렇게 기계가 생명을 닮아가는 데는 물론 기술적 배경이 있다. 산업혁명의 인터페이스 디자인은 기계를 상수로 놓고 인간을 변수로 간주한다. 포드 시스템이나 테일러 시스템은 결국 인간의 신체를 상수인 기계에 적응시키기 위한 것이다. 반면 정보혁명의 인터페이스에서는 인간을 상수로 보고, 외려 기계를 변수로 여긴다. 여기서 중요한 것은 기계를 생체에 가깝게 디자인하는 것이다. 인터페이스 디자인에서만 이러한 변화가 일어나고 있는 것은 아니다. '생체모방기술'biomimetic이 보여주듯 미래의 기계는 점점 더 생체를 닮아갈 것이다. 후기생물학의 시대에는 기계도 생명처럼 진화한다. 아니, 생명으로 진화한다.

20세기 예술을 주도한 것이 사진과 영화의 미
학이었다면, 21세기를 주도하는 것은 컴퓨
터그래픽의 미학이 될 것이다. 이는 모더
니즘의 미학적 강령으로 꼽히는 벤야민
의 그 유명한 논문을 고쳐 쓸 것을 요
구한다. 여기서는 먼저 벤야민의 명제들이 디지털 테크놀로지라는 새로운
기술적 조건 아래서 어떻게 변형될 수밖에 없는지 살펴볼 것이다. 이어서
'언캐니'의 취향을 '외상적 주체'의 등장으로 해석하는 할 포스터의 이론
을 비판적으로 검토한 후, 플루서를 따라서 주체의 죽음이라는 포스트
모던의 장례식장에서 돌아온 인간은 '외상적 주체'가 아니라 '창조적
기획'이라고 주장할 것이다.

35

디지털 합성 시대의 예술작품

"일찍이 사람들은 사진의 예술성 여부를 두고 이러쿵저러쿵 많은 실랑이를 벌였다. 그러나 그들은 정작 이에 선행되어야 할 물음, 즉 사진의 발명으로 인해 예술의 전체 성격이 바뀐 것이 아닌가 하는 물음은 제기하지 않았다."[1]

〈기술복제시대의 예술작품〉 논문은 결국 이 물음으로 요약된다. 모더니즘의 비평적 기준도 바로 이 물음에 대한 답변을 통해 얻어졌다. 하지만 벤야민은 역사시대에 속하고, 우리는 이미 역사이후에 살고 있다. 벤야민의 '신천사'는 미래에 등을 돌린 채 과거를 바라본다. 그는 "과거를 뒤돌아보면서 미래적인 것을 발견"하는 회고적 인식의 '주체'Subjekt다. 반면 디지털 시대의 인간은 과거를 등진 채 미래를 바라본다. 그는 알 수 없는 그곳으로 자신을 던지는 기술적 상상의 '기획'Projekt이다. 그렇다면 이제 벤야민의 물음을 고쳐 물을 때가 되었다. "컴퓨터의 발명으로 인해 혹시 예술의 전체 성격이 바뀐 것이 아닌가?"

지각 속의 변혁

사진의 등장 이후 회화가 더는 과거의 회화일 수 없었듯이, 컴퓨터의 발명 이후 사진도 더는 과거의 사진일 수 없다. 사진이 회화 위에 구축된 고전예술의 이념을 무너뜨렸다면, 디지털 이미지는 사진과 영화 위에 구축된 모더니즘 미학의 수정을 요구한다. 벤야민은 복제기술이 예술의 전체 성격을 어떻게 바꾸어놓는지 보여주었다. 이제 그의 뒤를 이어 그렇게 바뀐 예술의 전체 성격이 컴퓨터의 발명으로 인해 다시 어떻게 바뀌는지 추적할 필요가 있다. 분명한 것은 컴퓨터의 등장으로 인해 사진과 영화를 바탕으로 한 모더니즘 미학은 타당성을 잃기 시작했다는 점이다.

1960년대부터 모더니즘은 흔들리기 시작한다. 해방의 서사가 불신되고 매체의 장벽이 무너진다. 정치적으로는 '역사의 종언'이, 미학적으로는 '매체성의 종언'이 선포된다. 주목할 것은, 데드팬의 정치적 냉소주의, 혼성모방이나 혼합매체의 미학적 절충주의 같은 '포스트모던'의 문화현상이 공교롭게도 컴퓨터라는 매체의 특성을 닮았다는 점이다. 컴퓨터 모니터 위에서 시간은 클릭할 수 있는 공간이 된다. 이는 시간의 선형성에 기초한 역사의 관념을 약화한다. 나아가 컴퓨터는 회화, 사진, 영화, TV 등 모든 매체를 포괄하는 궁극적 매체로서, 그 안에서 매체들의 질적 차이는 사라진다.

벤야민은 양식 변화의 원인이 지각의 변화에 있음을 지적했던 빈학파가 정작 "그 지각의 변화를 통해 표현되는 사회적 변혁"[2]은 제시하지 못했다고 비판한다. '양식 변화의 토대가 지각의 변화라면, 그 지각의 변화를 일으킨 것은 무엇인가?' 벤야민의 대답은 '복제기술'이었다. 우리도 같은 질문을 할 수 있을 것이다. 이른바 '포스트모던'이라는 변화된 취향을 낳은 "사회적 변혁"이란 무엇인가. 우리의 맥락에서 그것은 '디지털 혁명'이리라. '포스트모던'은 디지털 시대에야 온전히 전개될 수 있는 풍경의 전조였는지도 모른다.

그것은 한 시대의 종언을 알리며 저도 모르게 다가올 시대를 막연히 지시했던 것이다.

포스트모던은 모던과의 단절이지만 동시에 그 연장이었다. 그것은 지배적 이미지가 사진과 영화에서 디지털 영상으로 넘어가는 과도기의 현상이었기 때문이다. '포스트모던'이 풍미하던 시대는 컴퓨터가 계산기를 넘어 서서히 영상 커뮤니케이션 매체로 진화하던 시기와 일치한다. 이것이 그저 우연은 아니다. 따라서 모더니즘 미학의 반反명제를 찾는다면, 그것은 포스트모던이라는 과도기 현상이 아니라, 충분히 전개된 현재의 디지털 문화에서 찾아야 한다. 이제 사진술에 기초한 벤야민의 모더니즘 미학이 컴퓨터에 기초한 오늘날의 디지털 미학과 어떻게 대립되는지 하나씩 살펴보자.

각성에서 환각으로

디지털 테크놀로지의 마법적 성격은 민감한 정치적·미학적 논점을 제공한다. 세계를 이미지로 표상할 때, 의식은 다시 역사이전의 신화적-마술적 의식에 접근하게 된다. 벤야민은 일찍이 영화술이 신화적-마술적 의식에 접근하는 것을 경계한 바 있다. 그는 당시의 보수적인 감독과 작가들이 "영화의 의미를 (……) 초자연적인 것에서 찾으려 한다"[3] 라고 비판하며, 그 예로 프란츠 베르펠Franz Werfel(1890~1945)의 말을 인용한다. "영화의 참다운 의미와 가능성은 자연스러운 수단과 탁월한 설득력을 가지고 동화적인 것, 기적적인 것, 초자연적인 것을 표현할 수 있는 그 특유의 능력에 있다."[4] 벤야민은 이 견해가 "반동적"이라고 잘라 말한다.

우파(UFA)영화사에서 히틀러와 괴벨스 등이 영화를 감상하고 있다.

벤야민이 '환상적' 영화에 부정적이었던 것은 그것이 대중을 환각에 빠뜨린다고 믿었기 때문이리라. 벤야민은 사진과 영화의 '인식적' 기능을 강조한다. 물론 이는 나치의 신화적 의식에 역사적 의식으로 맞서는 계몽의 움직임이었다. 나즐로 모홀리 나기의 말대로 "미래의 문맹자"는 문자가 아니라 영상을 못 읽는 사람들이다. 벤야민에게 사진과 영화의 이미지는 해독해야 할 기술적 텍스트였다. 기술형상에 깔린 텍스트를 해독하지 못할 경우, 타인의 표상을 자신의 세계로 알고 살아가는 '환각'에 빠지게 된다. 실제로 당시 독일의 대중은 나치가 연출하는 이미지의 환각에 도취되어 있었다. "나의 표상이 너희의 세계다"(히틀러).

하지만 오늘날의 영화는 그때와는 다른 정치적·예술적·기술적 조건 아래 있기 때문에 벤야민의 모더니즘은 몇 가지 미학적 난점을 갖게 된다. 환각이란 "관념적 대상이 실재로 착각되는 정신의 오류" 혹은 "관념의 생각conception과 실제적 감각sensation의 상호매개 현상"으로 정의된다.[5] 이 정의에 따르면 환각은 결국 관념이 감각으로, 가상이 현실로 착각되는 현상이다. 벤야민은 영화라는 매체가 대중을 이 환각에서 '각성'해주리라 기대했지만, 디지털 영화는 그의 바람과는 정반대 방향으로 나아가고 있다. 오늘날의 스크린은 온갖 판타지물로 범람하고 있다.

환상 영화에 대한 벤야민의 비판에는 그것이 영화의 매체성에 어울리지 않는다는 미학적 판단이 깔려 있을 것이다. 하지만 오늘날 영화는 이미 사진술의 기반을 벗어나고 있다. 디지털 영화는 사실 "라이브 액션 녹화 분량을 구성의 일부분으로 사용하는 애니메이션의 특수한 경우"[6]일 뿐이다. 그것은 화려한 그래픽의 테크노—

판타지 영화 〈반지의 제왕〉의 한 장면

환각으로 관객을 '황홀경'Rausch에 빠뜨리려 한다. 당혹스러운 것은 이 경향이 외려 그 매체의 속성에 정확히 부합한다는 점이다. "자연스러운 수단과 탁월한 설득력을 가지고 동화적인 것, 기적적인 것, 초자연적인 것을 표현"하는 것은 컴퓨터그래픽의 특권적 영역에 속한다.

벤야민은 환상 영화가 대중의 의식을 '이성' 이전으로 퇴행시킨다고 보았다. 하지만 디지털 판타지는 이성 이전의 신화적—주술적 의식으로 돌아가는 게 아니다. 그것은 외려 '이성' 이후의 의식, '이성'보다 높은 차원의 정신을 지향한다. 똑같이 가상과 현실을 넘나드는 능력이라 하더라도, 계몽 이전의 주술적 상상력과 계몽 이후의 기술적 상상력은 차원이 다르다. 디지털 환상을 만들어내고, 또 그것이 만들어내는 의식은 주술적 상상력이 아니라 기술적 상상력이다. 오늘날 환상 영화는 설사 자본의 이윤 창출 도구로 봉사할지는 모르지만 벤야민의 시대처럼 정치적 환각의 수단으로 사용되지는 않는다.

검사자에서 몰입자로

벤야민의 미학은 수용 측면에서도 도전받고 있다. 또 한번 중국 화가의 전설로 돌아가보자. "예술작품 앞에서 마음을 가다듬고 집중하는 사람은 그 작품 속으로 빠져들어간다. 옛날 중국의 전설에 어떤 화가가 자기가 완성한 그림을 보고 그 속으로 들어간 것처럼."[7] 에른스트 블로흐는 이 전설에서 삶과 죽음, 저자와 작품, 주체와 객체의 대립이 사라지는 데 주목한다. 도교의 '무아지경'이 인간과 세계가 완전한 화해를 이루던 낙원추방 이전을 연상시킨 모양이다. 그리하여 이 전설을 그는 '유토피아의 선현'Vorschein der Utopie, 즉 언젠가 다시 돌아올 그 화해의 상태가 미리 나타나는 것으로 해석한다.[8]

하지만 벤야민은 그것이 "구원"Erlösung이 아니라 그저 "위안"Trost일 뿐이라고 비판한다. 그가 보기에 중국 화가의 전설은 인류가 이미지를 아직 주술적으로 수용하던 시절의 퇴행적 기억일 뿐이다. 이 주술적 수용의 자취가 여전히 작품을 감상하는 우리의 태도 속에 남아 있다. 이를테면 회화의 명작 앞에 설 때 우리는 그 안으로 빨려 들어간다. 이 회화의 수용방식(정신집중Sommlung)에 벤야민은 영화의 수용방식(정신분산Zerstreuung)을 대립시킨다. 정신집중을 하는 사람이 수동적으로 작품 속으로 빠져들어간다면, 정신분산적 대중은 외려 적극적으로 "예술작품이 자신들 속으로 빠져들어오게 한다"[9]라는 것이다.

여기서 벤야민은 베르톨트 브레히트Bertolt Brecht(1898~1956)의 서사극 원리를 원용하고 있다. 브레히트는 지속적으로 몰입을 중단시켜 관객들로 하여금 극중 현실에 늘 깨어 있게 만든다. 벤야민은 브레히트가 연극에서 기법으로 추구하던 것이 영화에는 아예 기술적 조건으로 들어와 있다고 보았다. "영상을 보는 사람의 연상의 흐름은 끊임없는 영상의 변화로 인하여 곧 중단되어버린다."[10] 영화는 애초 쇼트들의 단절로 이루어지기에 관객에게 몰입할 새를 주지 않는다는 것이다. 하지만 영화의 강한 몰입효과를 아는 우리에게 이는 매우 이상하게 들린다. 드라마를 주로 연극으로 보던 시대의 관객과 달리 오늘날 우리는 쇼트의 단절을 단절로 느끼지 못한다.

브레히트의 서사극 〈서푼짜리 오페라〉의 한 장면

수동적 '몰입'에 반대되는 적극적 수용의 또 다른 예로 벤야민은 건축의 지각을 든다. 건물을 지각하는 것은 촉각적toktil 행위다. 몸을 움직여 구석구석을 돌아다니며 그 기억을 몸에 각인시키는 식으로 이루어지기 때문이다. 영화의 수용은 이 건축의 지각을 닮았다. 영화의 관객은 제 눈을 카메라와 동일시함으로써 가만히 앉아서 세계 구석구석을 촉각적으로 지각한다는 것이다. 벤야민은 이렇게 건축과 영화의 지각방식을 작품을 대하는 이상적 태도, 즉 몰입을 깨뜨리는 정신분산적 수용의 예로 제시한다. 하지만 디지털 시대에는 '몰입이냐 각성이냐'의 이분법이 더는 유지될 수 없다.

디지털 가상은 '관객'spectator을 '몰입자'immersont로 바꾸어놓는다. 이를테면 제프리 쇼의 가상현실 작품들을 생각해보라. 신체를 이용한 촉각적 체험은 오늘날 몰입에서 빠져나오는 방식이 아니라 외려 강력한 몰입기술immersive technology로 간주된다. 게다가 '몰입'이 항상 비판적 각성과 메타적 반성을 방해하는 것도 아니다. 컴퓨터게임을 생각해보라. 게이머는 프레임의 안팎을 넘나들며 탈신체화와 재신체화를 체험하고, 몰입과 중단을 오가며 대상적 차원과 메타적 차원을 수시로 넘나든다.[11] 디지털 가상의 수용은 이미 '몰입 아니면 각성'의 단순한 이분법을 넘어서 있다.

사진에서 다시 회화로

벤야민은 자신의 모더니즘 미학을 사진술 위에 정초하려 했다. 그는 화가의 눈과 카메라맨의 눈을 날카롭게 대립시킨다. "손을 얹어 환자를 낫게 하는 마술사의 태도는 환자의 몸에 깊숙이 개입하는 외과의사의 태도와는 다르다. (……) 외과의사는 마술사와 달리 결정적 순간에 그의 환자를 인간으로 대하는 것을 포기하고, 수술을 통하여 그의 내부로 파고들어간다. 마술사와 외과의사의 관계는 화가와 카메라맨의 관계와 같다."[12] 회화와 사진은 실재를 다르게 본다. 회화가 실재를 '상상'하게 한다면 사진은 실재를 '인식'하게 해준다. '사진'은 현실을 냉정히 해부함으로써 사회에 대한 비판적 인식을 촉진한다.

나아가 벤야민에게 사진술은 부르주아 예술문화를 무너뜨리는 아방가르드의 무기이기도 했다. "다다이스트들은 (……) 소재를 근본적으로 격하시킴으로써 무가치성에 도달하려 했다. (……) 이들의 그림이 도달하고자 하는 것은 작품의 분위기를 가차 없이 파괴하고, 생산의 수단을 빌려 작품에 복제의 낙인을 찍는 일이었다."[13] 부르주아 예술문화에 대한 공격은 다다에서 1960년대 개념미술에까지 이어지는 아방가르드의 전통이다. 벤야민에게 사진과 영화는 "사회적 상황이나 소유관계에 대한 혁명적 비판"과 "전통적 예술관에 대한 혁명적 비판"[14]을 수행하는 정치적·미학적 아방가르드 매체였다.

이 모더니즘의 도그마는 오래전에 무너졌다. 그 붕괴는 우선 사진과 회화의 경계가 사라지는 것으로 나타난다. 1960년대에 이미 회화로 할 수 있는 모든 실험이 끝났다고 생각한 일군의 작가가 개념미술의 맥락에서 사진을 끌어들였다. 1980년대 말에는 거꾸로 제프 월을 필두로 한 사진작가들이 사진에 회화적 절차를 도입하기 시작한다. 전자의 경우 올드미디어가 뉴미디어를 차용한다는 점에서 그나마 아방가르드의 제스처로 볼 수도 있겠지만, 후자의 경우 뉴미디어가 올드미디어로 회귀한다는 점에서 명백히 '복고적' 느낌을 준다. 이는 당연히 모더니스트 비평가들에게 비판의 표적이 된다.

이른바 '혼합매체'mixed media가 일반화한 시대에는 매체의 순수성을 고집해 하나의 매체로만 작업하는 것이 외려 시대에 뒤떨어져 보인다. 회화가 점점 개념적으로, 사진이 점점 상상적으로 변하면서 오늘날 회화와 사진의 경계는 사라졌다.[15] 이 포스트미디어 현상을 낳은 것은 물론 디지털 테크놀로지다. 컴퓨터로 인해 사진의 성격은 완전히 바뀐다. 마노비치의 말을 패러프레이즈하자면, 오늘날 디지털 사진은 '사진도 그 구성요소의 일부로 포함하는 회화의 일종'이다. 오늘날 사진사는—아날로그 카메라를 사용하든, 컴퓨터의 가상 카메라를 사용하든—과거의 화가처럼 작업하고 있다.

무너진 것은 '매체 순혈주의'라는 그린버그식 모더니즘만이 아니다. 오늘날 사진은 부르주아 예술시장을 위해 '작품'으로 만들어진다. 회화적 사진의 제작에는 화가의 그것에 맞먹는 장인성이 요구된다. 이렇듯 사진이 원작에 가까워졌기에 그리로 스냅사진과 더불어 사라졌던 '아우라'가 슬머시 회귀한다. 다큐멘터리 사진마저 복제물Duplikat로 잡지에 실리는 대신 거의 고전적 타블로의 위용과 색감을 가진 '유일물'Unikat로 미술관에 전시된다. 여기에 아방가르드라고는 그 흔적도 없다. 물론 이 새로운 회화적 사진은 그것의 정당화를 위해 벤야민의 모더니즘과 구별되는 새로운 미학을 요구할 것이다.

소격에서 데드팬으로

기록의 기능을 저버린 사진의 유미적 경향은 이미 1920~1930년대 에도 있었다. 벤야민은 당시의 예술사진을 이렇게 비판한다.

> 사진이 잔더, 제르멘 크룰, 블로스펠트와 같은 사람들이 보여준 연관들에서 떨어져 인상학적·정치적·과학적 관심에서 풀려난 다면, 그때 사진은 창조적인 것이 된다. 이제 대물렌즈의 관심사 는 '개관'이 되고, (예술연하는) 속빈 강정Schmocck 같은 사진이 등 장할 것이다.[16]

벤야민에게 "창조적"이라는 말은 "물신적"이라는 뜻의 경멸어 다. 여기서 비판을 받는 것은 바로 알베르트 렝거 파치Albert Renger-potzsch(1897~1966)의 사진이다. 이 신즉물주의자의 손에서 사진은 세계를 기록하는 매체이기를 그치고 세계를 유미화하는 매체로 변 한다. 사진집의 제목대로, 그의 사진 속 〈세상은 아름답다〉(1928)." 벤야민은 렝거 파치의 사진이 "모순을 아버지로 하고 모방을 어머 니로 하는 변종Variante"이라고 비판한다. 이 신즉물주의 사진의 전 통은 베허 부부를 거쳐 안드레아스 구르스키, 토마스 데만트, 토마 스 루프에게로 이어진다. 이들의 기록 아닌 기록사진은 데드팬dead pan의 냉담한 기운이 묘한 유미적 효과를 발산한다.

벤야민도 외젠 앗제Eugene Atget(1857~1927)를 들어 사진의 '냉 담한' 분위기에 대해 언급한 바 있다. "이상한 것은 이들 사진이 한 결같이 공허하다는 것이다. (……) 그 장면들은 쓸쓸한 것이 아니라

외젠 앗제, 〈발레트와 팡테옹 거리의 모퉁이〉, 1925년

아무런 정취도 없는 것이다."[17] 이 냉담함은 물론 '아우라'가 파괴
된 데서 비롯된다. 앗제는 자신의 사진을 작품이 아니라 그저 '자
료'("ce ne sont que des documents"[18])로 여겼다. 벤야민은 바로 이
냉담함이 초현실주의 사진에서처럼 "인간과 세계 사이의 유익한 소
격Entfremdung"을 만들어낸다고 본다. 사진을 예술이 아니라 기술로,
작품이 아니라 자료로 간주한 것이 외려 '낯설게 하기' 효과를 낸다
는 것이다.

　　벤야민에게 '낯설게 하기'란 관습적 지각을 파괴하여 "정치적
으로 훈련된 시각의 장場"을 열어주는 것을 의미했다. 사진의 냉담
함은 거기 담긴 현실을 "범죄현장"처럼 보고 "외과의사"처럼 해부
하게 해준다. 하지만 현대사진의 '데드팬'은 성격이 다르다. 그 냉
담함은 현실 인식을 위한 것도 아니고, 세계 변혁을 위한 것도 아니
다. 데드팬은 현존하는 질서에 무관심하거나 중립적이다. 그것은
표현적 사진과 달리 정서적으로 건조하며, 다큐멘터리 사진과 달리
정치적으로 건조하다. 여기서 냉담함은 그저 미적 효과로서만 존재
한다. 벤야민에게는 데드팬이 그저 "(예술연하는) 속빈 강정"으로
보일지 모른다.

　　데드팬을 이 비난에서 구제하기 위하여 그 철학적 측면에 주목
할 수도 있을 것이다. 이를테면 "하이데거에게 무관심은 그저 '퇴락
한', '비본래적' 현존재가 아니다. 무관심은 존재자들의 총체로서 존
재가 출현하는 조건이기도 하다. 즉 그것은 우리로 하여금 존재론적
차이에 비로소 눈뜨게 해주는 전제조건이다."[19] 한마디로 성급히 주
관적 판단을 개입시키기보다 사안에 무無판단적으로 접근할 때, 외
려 존재의 비밀이 열리는 "경이"를 체험할 수도 있다. 데드팬은 존

재의 허무와 심연에 자신을 열어두는 조용한 단호함이다. 데드팬은 해방의 서사grand récit를 잃은 시대의 '기분'Stimmung이다.

조립에서 합성으로

벤야민이 "물신적"이라 비판하는 "창조적 사진술"은 카메라를 회화의 미학에 종속시킨다. 그때 사진을 찍는다는 것은 사물세계의 감추어진 본질을 꿰뚫어보지 못하고 그저 현상의 외관을 훑어보는 행위Zusammenschau가 된다. 거기서 세계는 과학적 분석의 대상이 아니라 미적 감상의 대상이 된다. "세계는 아름답다." 여기에 벤야민은 구성적 사진술을 대립시킨다. 창조적 사진술이 마술사처럼 세계를 유기적 전체성으로 바라본다면, 구성적 사진술은 수술을 하는 외과의사처럼 렌즈의 메스를 들이대 세계를 분해하고 다시 조립한다. 그는 이 구성적 사진술을 브레히트를 인용하며 정당화한다.

> "(상황이) 너무 복잡해졌기 때문에 단순한 현실의 재현은 그 어느 때보다 현실에 대해 무엇인가를 설명해줄 수 없게 되었다. 중공업그룹의 중기계공장이나 A.E.G. 전기회사를 찍어봤자 이것은 이들 조직체에 대해서는 거의 아무것도 말해주지 않는다. 이를테면 공장 같은 인간관계의 물화현상은 인간관계를 더이상 밖으로 끄집어내지 못하게 한다. 그러니까 무엇인가 인위적이고 인공적인 것을 조립하지 않으면 안 된다."[20]

세계의 가시적 외관을 재현해봐야 그 안에서 물화物化된 인간

관계, 즉 자본주의적 생산관계를 드러낼 수는 없다. 따라서 진실에
도달하려면 현상의 세계를 인공적으로 분해해 재조립해야 한다.
"화가의 영상은 하나의 전체적 영상이고, 카메라맨의 영상은 여러
개로 쪼개져 있는 단편적 영상들로서 이 영상들은 새로운 법칙에
의해 다시 조립된다."[21] 창조적 사진술이 '현상'의 외관을 재현하여
그 '아름다움'에 도취된다면, 구성적 사진술은 렌즈로 외관을 째고
'본질'로 육박하여 진리에 도달하려 한다. 이 몽타주의 미학은 동시
에 부르주아 예술제도에 대한 공격이라는 의미를 담고 있다. 다다
이스트 라울 하우스만Raoul Hausmann(1886~1971)은 이렇게 전한다.

> "우리는 이 작업을 포토몽타주라 부르기로 결정했다. 이 용어는
> 예술가연하는 태도에 대한 우리의 혐오감을 확언한 것이며, 우리
> 자신을 엔지니어로 간주해(따라서 우리는 노동자들의 작업복을 선호
> 한다) 작품을 구축하고 조립하는montieren 것을 의도한다."[22]

몽타주와 더불어 예술은 "아름다운 가상의 왕국으로부터 벗어
난다."[23] 분해된 파편의 조립이 아름다울 리 없다. 하지만 적어도
그것은 세계의 가상이 아니라 진리를 보여준다. 고전예술이 '유기
적 총체성'을 지향한다면 현대예술은 '무기적 파편성'을 지향한다.
아도르노에 따르면, 현대예술은 어떤 의미에서 모두 파편들의 '몽
타주'다. 영화에서는 쇼트들이 서로 분명하게 단절되어 있듯이, 포
토몽타주에서는 합성된 사진들의 파편들이 균열과 봉합의 흔적을
그대로 드러낸다. 이렇게 제 매체성을 의식적으로 드러내는 것이
모더니즘의 자의식이다. 하지만 디지털 매체에서 이 모더니즘의 미

유기체에서 무기체로

무기체에서 유기체로

학은 효력을 잃는다.

　디지털 합성사진도 여러 장을 하나로 합쳤다는 점에서는 일종의 몽타주다. 하지만 디지털 합성에서는 부분들 사이의 균열과 봉합의 흔적이 말끔히 지워진다. 여기서는 무기적 파편성이 모여 유기적 총체성을 이루고, 그로써 선행한 두 개의 미학이 하나로 종합된다. 이 변화는 기술적 발전의 현 수준에 조응한다. 산업혁명의 인터페이스에서는 인간이 기계를 지향했다면, 정보혁명의 인터페이스에서는 기계가 인간을 지향한다. 이로써 무기적 미학은 새로운 유형의 무기적·유기적 미학으로 변화한다. 이 새로운 미감은 생명을 기계처럼 분해·조립하는 후기생물학적 상황의 상징인지도 모른다.

텍스트에서 푼크툼으로

〈사진의 작은 역사〉에서 벤야민은 초창기 사진의 아우라에 대해 말한다. "사진사가 인위적 조작을 하고 모델의 태도도 계획적으로 조정한다는 것을 잘 알면서도, 사진을 보는 사람은 거기서 미미한 한 줄기의 불꽃, 즉 현실이 그로써 사진의 영상을 골고루 태워냈던 우연과 현재적 순간을 찾으려 하며, 또 흘러간 순간의 평범한 삶 속에 미래적인 것이 (……) 숨어 있기에 우리가 과거를 뒤돌아보면서도 미래적인 것을 발견할 수 있는, 그런 눈에 띄지도 않는 미미한 부분을 그 속에서 찾으려는 제어하기 힘든 충동을 느낀다."[24]

　여기서 "우연과 현재적 순간", "눈에 띄지도 않는 미미한 부분" 등은 바르트가 '푼크툼'의 예로 들었던 것과 일치한다. 또 데이비드

옥타비우스 힐David Octavius Hill(1802~1870)의 사진을 보며 벤야민은 "한때 살았지만, 오늘날에도 생생하게 살아남아 예술에 완전히 병합되기를 꺼리며 여인의 이름이 무엇이냐고 끈질기게 묻는, 그래서 도저히 침묵시킬 수 없는 그 어떤 것"[25]이 거기 있다고 지적한다. 여기에서 죽은 자의 귀환("생생하게 살아남아"), 코드 없는 메시지("예술에 완전히 병합되기를 꺼리며"), 촉각적 자극("도저히 침묵시킬 수 없는") 같은 계기 역시 바르트의 푼크툼을 이루는 요소다.

벤야민은 "카메라에 비치는 자연은 눈에 비치는 자연과 다르다"라고 말한다. 카메라에는 "인간에 의해 의식적으로 만들어진 공간 대신 무의식적으로 만들어진 공간"이 들어서기 때문이다. 이 비의도성("무의식적으로 만들어진") 역시 푼크툼의 전제조건이다. 벤야민은 의도하지 않게 사진에 찍힌 이 실재의 층위를 "시각적 무의식"이라 부르며 그것을 정신분석학과 연결시킨다. "정신분석학을 통하여 충동적이고 무의식적인 세계를 알 수 있듯이, 사진술을 통하여 시각적 무의식의 세계를 알아낼 수 있다"[26]라는 것이다. 하지만 벤야민이 말하는 정신분석학은 프로이트의 것과 달리 일종의 사회적 인식론을 가리킨다.

벤야민에게 "시각적 무의식"의 발견이란—이를테면 에드워드 머이브리지와 에티엔 쥘 마레이가 고속촬영으로 걷는 순간순간의 자세를 파악하거나 칼 블로스펠트가 확대촬영으로 세포의 구조나 조직을 파악하는 것처럼—무엇보다도 사물의 감추어진 측면을 인식하는 것을 의미한다. 이로써 그가 말하는 "시각적 무의식"은 푼크툼의 원래 의미에서 멀어진다. 라캉의 용어를 빌리면, 푼크툼이란 실재계로부터 나와 상징계를 전복하며 우리를 건드리는 것, 즉

데이비드 O. 힐, 〈뉴헤이븐의 어부의 아내〉, 1843~1847년

투케tuché다. 하지만 벤야민의 '시각적 무의식'은 해독해야 할 일종의 스투디움이다. 그것은 실재계를 알리지 않고 곧바로 상징계의 질서로 편입된다.

소격에서 언캐니로

벤야민에게서 '정신분석학'이라는 용어는 프로이트도 동의하지 않았을 "이상한 유비"[27]로 사용된다. 그가 정신분석학과 제대로 연결되는 지점이 있다면, 외젠 앗제를 초현실주의의 "선구자"와 "전위대"로 설명하는 대목일 것이다. 앞서 언급했듯 파리 시내를 찍은 앗제의 사진에서 벤야민은 "이상한 것"을 느낀다. 즉 "한결같이 공허"하며, 그저 쓸쓸한 정도를 넘어 아예 "아무런 정취도 없다"라는 것이다. 이는 초현실주의자들이 파리의 텅 빈 거리를 찍은 앗제의 사진을 보고 가졌던 바로 그 감정이기도 하다. 낯익은 거리가 낯설게 다가오는 것. 초현실주의자들의 '데페이즈망'depaysement 기법은 바로 이 체험과 관련이 있다.

벤야민은 그것을 "인간과 세계 사이의 유익한 소외"라 부른다. 브레히트는 익숙한 상황을 낯설게 만들어 관객의 인식을 촉진하는 장치를 '소외'Entfredung 혹은 '소격'Verfremdung이라 불렀다. 브레히트의 소격은 빅토르 슈클로프스키Viktor Borisovich Shklovski의 '낯설게 하기'остранение와 다르다. 슈클로프스키가 형식주의자로서 그것을 '시적 장치를 드러내는 것'으로 이해한다면, 브레히트는 사회주의자로서 그것을 '사회적 인과관계의 망을 드러내는 수단'으로 이해하기 때문이다.[28] 벤야민은 브레히트의 이 정치적 개념을 받아들여, 앗제의 낯설게 하기가 "정치적으로 훈련된 시각에 하나의 장"을 열어준다고 말한다.

벤야민이 말하는 "인간과 세계 사이의 유익한 소외"란 결국 우리에게 너무 익숙해서 미처 의식하지 못하는 사회의 계급관계를 낯설게 느껴지게 만들어 거기에 주목하고 되돌아보게 함으로써 대중의 시각을 정치적으로 훈련시키는 것을 가리킨다. 이는 물론 초현실주의자들이 실천했던 '데페이즈망'과는 성격이 사뭇 다르다. 벤야민의 '유익한 소외'에는 초현실주의의 '데페이즈망'에 내재된 은밀한 무의식적 욕망이 빠져 있기 때문이다. '데페이즈망'이란 낯익은 물건을 엉뚱한 장소에 옮겨놓아 낯설게 느껴지게 하는 기법이다. 이렇게 '낯익은 것이 낯설게' 나타나는 현상을 프로이트는 '언캐니'라 불렀다.

한동안 모더니즘의 변방으로 밀려나 있었던 초현실주의 이미지리가 최근 화려하게 복귀하고 있다. 할 포스터에 따르면, 초현실주의 운동의 바탕에는 '언캐니'의 취향으로 표현되는 '죽음의 충동'이 깔려 있었다. 브르통은 스스로 의식하지 못하는 상태에서 그 어두운 충동을 따랐고, 바타유는 그 내밀한 욕망을 의식적으로 철저하고 수미일관하게 추구했다.[29] 로잘린드 크라우스Rosalind E. Krauss도 초현실주의와 언캐니의 관계에 대해 언급한다.

> 상상과 현실의 구분의 붕괴―브르통이 초현실주의의 모든 자원을 동원하여 추구하고, 프로이트가 마술에 대한 원시적 믿음이라 분석한 효과―애니미즘 그리고 자아도취적 전능, 이 모든 것은 언캐니한 형이상학적 전율을 불러일으키는 잠재적 촉발자다.

그것들은 존재의 초기 단계의 의식 속으로 돌파해 들어가는 것을 의미하며, 그렇게 돌파하는 가운데 반복강박의 증거를 드러내기 때문이다. 주체는 죽음의 생각에 사로잡힌다.[30]

크라우스가 여기서 언캐니한 전율의 잠재적 촉발자로 거론한 것들은 동시에 디지털 가상의 특징이기도 하다. 몽타주의 '지성적 충격'intellectual shock이 모더니즘 운동을 추동하는 미적 원리였다면, 디지털 예술에서는 언캐니의 '정서적 충격'이 그 역할을 대신하는 것으로 보인다. 하지만 디지털 대중의 '언캐니' 취향은 1920~1930년대 초현실주의자들의 그것과는 성격이 다르다. 이에 대해서는 더 자세히 논할 필요가 있다.

36

외상적 주체에서 창조적 기획으로

나는 상상계로 시작하여, 상징계의 이야기에 천착해야 했다. 그
리고 (……) 당신들에게 매듭의 형태로 이 유명한 실재계를 내
놓는 것으로 끝냈다.[31]

라캉의 작업은 크게 세 시기로 나뉜다고 한다. 첫 시기(1936∼
1952)에 그는 그 유명한 '거울단계' 이론을 통해 자아의 형성에서
'상상계'가 발휘하는 역할을 강조했다. 즉 우리는 이미지imago와 동
일시하는 것을 통해 자아ego를 형성한다는 것이다. 두 번째 시기
(1953∼1962)에 그는 이 상상적 동일시가 신경증의 원인이라 보고,
그 해결책으로 상징계 탐색에 몰두한다. 그러다가 1963년 이후에
는 상징계 자체를 치유로 바라보던 시각을 포기하고 그것을 교란하
는 실재계의 실체를 강조하기 시작한다. 물론 이는 그의 연구가 단
계적으로 이루어졌다는 뜻이지, 그것들의 형성까지 단계적으로 이
루어졌다는 뜻은 아니다. 상상계-상징계-실재계는 처음부터 '보
로메오 매듭'처럼 서로 맞물려 기능한다.

보로메오 매듭

상상계-상징계-실재계로 나아가는 이 사유의 궤적은 필립 뒤부아

라캉과 보로메오 매듭

가 요약한 사진 이론의 역사와 일치한다. 초기에 사진은 도상icon으로서 회화처럼 상상계의 현상으로 여겨졌다. 하지만 20세기에 들어와 사진 이미지는 언어로 구조화되어 상징symbol의 질서에 포함된다는 인식이 등장한다. 그러다가 1980년대에 롤랑 바르트가 《밝은 방》을 발표하면서, 사진은 일종의 지표index로 여겨지기 시작한다. 결국 사진의 세계 역시 상상계-상징계-실재계의 순서로 변화해온 셈이다. 실제로 바르트는 자신의 '푼크툼'을 "라캉이 '투케'라 부른 것"과 동일시한다. 물론 사진 역시 예나 지금이나 그 안에 도상-상징-지표의 특징을 모두 갖고 있다.

한편 플루서가 요약한 상징형식의 역사에서도 비슷한 궤적을 볼 수 있다. 플루서에 따르면 자연에서 떨어져 나온 인간은 이미지의 상상계를 통해 비로소 자아를 형성할 수 있다. 이어서 주술이 기능을 잃자 이 상상계와 싸우기 위해 텍스트의 상징계를 발명했다. 하지만 이마저 '또 다른 환각'으로 드러나자 이를 교체하기 위해 디지털 가상을 만들어냈다는 것이다. 물론 플루서가 말하는 디지털 가상은 라캉의 실재계와는 개념적 위상이나 논리적 성격이 다르다. 라캉의 실재계가 결코 상상계-상징계로 동화될 수 없는 반면에 디지털 가상은 상상계와 상징계의 협력("기술적 상상력")으로 창조한 인위적 실재이기에 그것들과 완전한 동화를 이룬다.

이 차이야말로 우리가 주목해야 할 지점이다. 라캉의 실재계는 주어진 사실Datum이지만, 디지털 가상은 어디까지나 만들어진 실재Faktum다. 따라서 흘러나오는 푼크툼의 성격도 서로 다를 수밖에 없다. 앞에서 우리는 아날로그 푼크툼과 구별되는 디지털 푼크툼의 특성을 이렇게 규정했다. "아날로그 사진의 푼크툼이 향수적이라면 디지털 사진의 그것은 예견적이며, 아날로그 사진의 언캐니가 외상적이라면 디지털 사진의 언캐니는 차라리 유희적이다." 이 책의 주장은 결국 이 명제로 요약된다. 이제까지의 논의를 요약하는 의미에서 몇 가지 부가적 논의를 통해 아직은 선언적으로만 들리는 이 명제를 좀 더 구체화해보기로 하자.

투케와 오토마톤

몇몇 저자가 간과하는 것은 바르트가 말한 푼크툼이 '실재'reality보다는 실재계the real와 관련이 있다는 사실이다. 실재와 실재계는 다르다. '실재'가 우리 눈앞에 보이는 물리적 현실을 가리킨다면, '실재계'는 이미지로 표상하거나 언어로 분절화할 수 없는 우리 내면의 어두운 심리적 현실을 가리킨다[32] (이를테면 앞에서 살펴본 엘킨스의 푼크툼에는 이 정신분석의 차원이 빠져 있다). 그리하여 푼크툼은 트라우마와 깊은 관련을 맺게 된다. 〈사진의 메시지〉Photographic Message(1961)에서 바르트는 의미 없는 순수한 지시, 즉 순전한 "코드 없는 메시지"의 예로 "절대적으로 외상적인traumatic 사진"을 든 바 있다. "트라우마는 언어의 유예, 의미의 차단이다."[33]

《밝은 방》에서 바르트는 푼크툼을 "라캉이 투케, 우연, 조우, 실재계라 부르는 것"[34]과 동일시했다. '투케'란 한마디로 상상계로 표상될 수 없고 상징계로 기입될 수도 없는 실재계와의 돌발적 조우를 가리킨다. 라캉에 따르면 '자아'는 상징계에 입장함으로써 형성된다. 하지만 자아의 형성 이후에도 주체의 내면에는 상징계의 질서에 동화될 수 없어 거기에 집요하게 저항하는, 말로 설명할 수 없는 그 무언가가 남는다. 그 잉여가 내 안의 바깥, 자아 속의 타자 outre, 즉 '대상 a'다. 평소에 억압되어 있던 이 실재계는 가끔 상징계로 돌출하여 파열을 일으키며 불현듯 제 존재를 알린다. 그 사건이 바로 투케다.

라캉은 투케를 '오토마톤'automaton과 대립시킨다. 오토마톤은 상징계 안에서 "그로써 우리가 우리 자신이 쾌락원리에 지배당한다는 것을 보게 되는, 기호들의 회귀, 돌아옴, 집요함"[35]이다. 실재계의 침입에도 우리가 항상성을 유지하며 살아가게 해주는 것이 오토마톤의 기능이다. 반면 투케는 그 상징계 안에서 "마치 우연처럼" 출현하는—실은 우연을 가장하여 회귀하는—실재계와 마주치는 사건이다. 실재계는 존재present는 하지만 상상계나 상징계의 질서로 재현represent될 수는 없다. 그렇기 때문에 그 조우는 트라우마를 남기며 늘 '어긋난 만남'missed encounter으로 끝난다. 억압된 것의 회귀는 언제나 '언캐니'의 감정을 불러일으킨다.

라캉은 프로이트의 '언캐니'unheimlich를 '외밀성'extimité으로 번역한다. '외밀성'은 '내밀함'intimité에 '바깥'ex을 결합한 신조어로, 결국 그가 소문자 a로 표기하는 무의식의 주체를 가리킨다. 소문자 a는 자기 안의 타자이고, 낯익으면서 낯설고, 안에 있으면서 밖에 있는 것이다.[36] 외밀성은 "안을 지시하지도 않고 밖을 지시하지도 않으며, 가장 내밀한 내면성이 외면성과 일치하여 위협적으로 변하여, 공포와 불안을 불러일으키는 지점에 위치한다. 외밀함은 내밀한 핵심이자 동시에 낯선 신체다. 한마디로 그것은 언캐니하다."[37] 투케는 상징계의 질서 안에서 이 외밀성이 돌출하는 사건이라 할 수 있다.

외상적 리얼리즘과 외상적 환영주의

할 포스터는 라캉의 논의를 이미지의 영역으로 옮겨놓는다. 1960년 대 이후 미국의 미술계에서 추상이 후퇴하고 구상이 복귀한다. 이를 그는 "실재의 귀환"return of the real이라 부른다. 하지만 이 '귀환' 은 그저 추상운동에 밀려 사라졌던 구상회화나 환영주의의 부활만을 의미하는 게 아니다. 이를테면 앤디 워홀의 실크스크린을 통해 회귀한 것은 실재reality가 아니라 실은 실재계the real다. 그래서 포스터는 워홀의 팝아트를 라캉의 의미에서 "외상적 리얼리즘"으로 해석한다. 거기서 우리가 보는 것은 "외상적 실재를 가리기 위한 이미지의 반복", 그 가리기 속에서도 "우연적으로, 그리고/또는 간접적으로 복귀하는 외상적 실재"[38]다.

"나는 기계이기를 원한다"라는 워홀의 말은 그가 "충격받은 주체"임을 암시한다. 한마디로 워홀은 충격에 대한 방어로서 자기에게 충격을 준 것의 본성을 취하는 셈이다. 20년 동안 점심으로 늘 캠벨 수프를 먹는 강박적 반복 속에서 워홀은 스스로 오토마톤(= 자동인형)이 된다. "나는 그것이 본질적으로 같은 것이 되기를 원하는 것이 아니다. 오히려 나는 그것이 정확히 같은 것이 되기를 원한다." 이 기계적 반복의 습관은 물론 외상적 사건을 상징적 질서에 통합시키기 위한 일종의 충격방어의 기제다. "당신이 으스스한 그림을 몇 번이고 반복해서 보면, 그 그림은 실제로 아무 효과도 미치지 않게 된다."[39]

포스터는 팝의 본질을 라캉의 말로 요약한다. "반복wiederholen 은 복제reproduzieren가 아니다."[40] 결국 워홀의 반복은—포스트구조주의의 해석처럼 순수기표들의 순환이라는 의미에서 복제가 아니라—외상적 실재계를 가리는 스크린의 역할을 한다는 것이다. 하지만 워홀의 작품이 그저 실재계를 가리는 것으로 끝나지는 않는다. 케네디의 암살, 먼로의 자살, 인종차별적 린치, 자동차 사고를 다룬 작품에서 일차적 충격은 이미지에 가려지지만, 동시에 이 반복이 이차적 외상을 산출한다. 이때 푼크툼이 스크린을 뚫고 나오면서 실재계가 드러난다. 이렇게 "이미지들의 반복은 실재적인 것을 우리에게서 떼어놓으면서 동시에 그것이 우리를 향해 쇄도하게 한다."[41]

여기서 포스터는 라캉이 말한 오토마톤과 투케를 본다. 오토마톤은 "징후나 기표로서 억압된 것의 반복"이며, 투케는 "실재적인 것과의 외상적 만남의 복귀"다. 워홀의 이미지에는 이 두 가지 반복이 모두 존재한다. 이어서 그는 논의를 포토리얼리즘("슈퍼리얼리즘")으로까지 확장시킨다. 쉬르리얼리즘이 우연을 가장해 실재계를 건드려 터져 나오게 만든다면, 포토리얼리즘은 외려 정교한 환영으로 실재계를 감춘다. 하지만 실재계를 감추려는 그 움직임을 통해 역설적으로 외상적 실재를 지시하게 되고, 그 결과 그것은 차단하는 보호막으로서는 실패한다. 그런 의미에서 포토리얼리즘은 일종의 "외상적 환영주의"로 볼 수 있다는 것이다.

차용미술과 혐오미술

"확실히 워홀에 대한 내 독해는 초현실주의적이다." 이렇게 포스터는 팝아트와 포토리얼리즘을 일종의 초현실주의적 기획으로 해석한다. 심지어 그는 팝아트와 포토리얼리즘이 차라리 초현실주의보다 더 초현실주의적이라 보는 듯하다. 팝아트와 포토리얼리즘은 외상적 실재계를 차단하는 가운데 동시에 그것의 존재를 드러낸다. 따라서 거기에는 투케의 지점이 존재한다. 그에 반해 초현실주의는 "투케의 지점, 즉 실재적인 것의 분출 지점이라기보다는 오히려 오토마톤, 즉 기표로서 징후의 반복인 편에 속한다"[42] 라는 것이다.

이른바 '차용미술'appropriation art은 이보다 더 직접적인 방식으로 실재계를 드러내려 한다. 포토리얼리즘이 관객으로 하여금 정교한 환영의 표면에 거의 분열증적으로 몰입하게 만든다면, 차용미술은 (과거의 불연속적 몽타주처럼) 환영이 환영임을 스스로 드러내는 방식으로 관객에게 그 표면을 꿰뚫어볼 것을 요구한다. 포토리얼리즘에서는 실재가 그 정교한 환영에 압도된 것으로 제시된다면, 차용미술에서는 실재가 다른 데서 빌려온 이미지들로 인위적으로 합성된 것으로 제시된다. 이렇듯 포스터는 "차용미술이 재현의 환영을 노출시키게끔 작용하는 경우 실재적인 것이 이미지-스크린을 뚫고 그 틈새로 나올 수 있다"[43] 라고 본다.

한편 작품과 사물의 경계를 무너뜨려 아예 "환영주의를 실재적인 것의 지점까지 밀고 가는" 작가들도 있다. 이들은 낯익으나 동시에 낯선 느낌을 주는 레디메이드를 통해 실재계를 노출시키려 한다. 그런가 하면 혐오예술object art처럼 신체를 훼손하는 외설적 오브제로 외상을 주거나, 항문기로 퇴행하는 역겨운 오브제로 상징계에 반항하는 흐름도 있다. 포스터가 보기에 이는 "잃어버린 대상 a가 되찾을 수 없는 것이라 하더라도, 최소한 그것이 남겨놓은 상처는 탐사될 수 있으리라는"[44] 계산에 따른 전략이다. 물론 이런 흐름들

헤르만 니치, 〈난교파티 신비극〉, 1964년

은 제2차 세계대전 이전의 초현실주의 혹은 표현주의의 때늦은 반복으로 전락하기 쉽다.

라캉에 따르면 회화란 대상 a의 위협적 응시를 차단하여 자신을 보호하기 위해 인간이 고안해낸 스크린이다. 그런데 동시대 몇몇 작가의 작업은 "응시를 진정시키라는, 다시 말해 실재계에 맞서 상상계와 상징계를 하나로 결합하라는 요구를 거부한다."[45] 그들은 의도적으로 혹은 무의식적으로 보호막인 스크린을 찢어버리고 그 균열을 통해 실재계를 귀환시키려 한다. 포스터는 이것이 아예 동시대 문화의 기획이 되어버렸다고 지적한다. "개념 구상에서 이러한 전환, 즉 재현의 효과로서의 실재로부터 외상의 실체로서 실재계로의 전환은 동시대 이론과 소설, 영화는 말할 것도 없고, 동시대 미술에서도 결정적인 것이라 할 수 있다."[46]

동시대의 예술에서 실재계는 두 가지 상이한 방식으로 귀환했다. 초기 포스트모더니즘은 대상의 상층high에서 순수한 이미지의 시뮬라크르를 즐기려 했다. 반면 후기의 그것은 우울한 대상의 저층low으로 내려가 실제 사물the real thing을 점유하려 한다. 즉 1960년대 중반의 포스트모더니즘이 주로 시뮬라크르와 혼성모방으로 상상계와 상징계에 파열을 내는 '황홀경'을 즐겼다면, 1990년대 중반의 포스트모더니즘은 기괴하거나 혐오스러운 오브제로 그 붕괴가 초래한 공포를 '우울함' 속에 드러내려 했다는 것이다. 이로써 초기 포스트모던이 추방했던 주체가 "외상적이거나 혐오스러운 주체", 즉 "병들거나 훼손된 신체"의 형태로 돌아온다.

실재계의 귀환

"왜 오늘날 이처럼 외상에 매혹되고 혐오를 선망하는가?"[47] 여기에는 "문화에 대한 텍스트주의에 대한 불만", "실재에 대한 관례주의적 견해에 대한 불만" 등 다양한 요인이 있을 것이다. 하지만 그 요인의 나열보다 중요한 것은 20세기 초반에 한 번 나타났던 현상이 20세기 후반에 반복되는 것을 미학적으로 정당화하는 일이리라. 포스터는 이 초현실주의의 반복을 지연작용Nachträglichkeit으로서 정당화하는 듯 보인다. "하나의 외상을 이루는 데는 두 가지 외상이 있어야" 하듯이, "하나의 사건은 오로지 그것을 기록하는 또 다른 사건을 통해서만 등재"된다. 따라서 초현실주의가 진정으로 무엇인지도 "지연된 작용 속에서 사후적으로만"[48] 알려진다는 것이다.

포스터는 모던과 포스트모던, 산업사회와 후기산업사회 사이의 단절을 인정하지 않는다. 그는 에르네스트 만델을 따라 "후기산업사회의 징후들이 산업화의 대체물이라기보다는 그것의 연장"이라 보고, 프레더릭 제임슨을 따라 "포스트모던이 현대화의 종언이라기보다는 그것의 정점"[49]이라 본다. 그가 초현실주의의 반복을, '지연작용을 통한 그것의 완성'으로 파악하는 것도 아마 이와 관련될 터이다. 하지만 그의 말대로 포스트모던은 모던의 연장이지만, 동시에 그것과 꽤 분명한 단절이기도 하다. 모던과 포스트모던의 관계를 연속으로만 볼 경우, 모던과 포스트모던의 시기에 각각 나타난 두 유형의 초현실주의 사이에 존재하는 중요한 차이를 시야에서 놓칠 수가 있다.

지금 복귀한 것은 어쩌면 실재계라기보다는 그저 '언캐니' 취향인지도 모른다. 사실 '언캐니'는 현대성modernity과 더불어 시작된 철저히 역사적인 현상이다. 19세기 이전만 해도 언캐니는 종교적으로 신성한 영역 혹은 정치적으로 불가촉한 영역과 중첩되어 있었다. 하지만 계몽과 혁명으로 종교적·정치적 성역이 무너지면서 비로소 성스러운 것으로만 알았던 것의 섬뜩함이 드러나기 시작한다. 고딕소설, 중세주의, 후기낭만주의의 그로테스크한 상상력이 등장한 것도 바로 그 시기였다.[50] 흥미롭게도 이 언캐니 취향이 모더니티가 종언을 고하는 이 시점에 또다시 복귀했다. 이는 19세기에 그랬듯 뭔가 새로운 것이 도래하고 있음을 의미할 게다.

초현실주의는 인간 신체에 대한 기계화의 충격, 직접적으로는 최초의 기계화한 전쟁인 제1차 세계대전의 충격에서 비롯되었다. 이른바 '포드 시스템'으로 상징되는 생산의 합리화 역시 인간의 신체에 견디기 힘든 충격을 주었을 것이다. 기계화와 산업화는 인간을 정신과 신체의 두 측면 모두에서 합리적 주체로 바꾸어놓았다. 전전의 초현실주의는 폭력적으로 진행된 이 거대한 합리화의 흐름에 균열을 내기 위해 실재계를 소환하려 했다. 하지만 1990년대 중반에 복귀한 초현실주의는 이에 해당할 만한 뚜렷한 사회적 맥락이 보이지 않는다. 그렇다면 포스트모던의 언캐니 취향은 모던의 그것과는 좀 다른 배경을 갖는다고 추측해야 할 것이다.

기술적 패러디

"어디선가 헤겔은 모든 위대한 세계사적 사실과 인물은 두 번 일어난다고 말했다. 그는 이렇게 덧붙이는 것을 잊었다. 한 번은 비극으로, 한 번은 소극笑劇으로."[51]

　카를 마르크스의 유명한 언급이다. 1990년대 중반에 사진, 미술, 영화 등 다양한 영역에서 회귀한 언캐니 취향에 대해서도 같은 얘기를 할 수 있지 않을까? 다른 것은 몰라도 적어도 디지털 이미지에 나타나는 새로운 언캐니는 전전의 초현실주의를 기술적으로 패러디한 것처럼 보인다. 흔히 언캐니의 감정을 유발하는 요인으로 꼽히는 것들이 있다. 이를테면 산 것과 죽은 것의 미구분, 사악한 눈의 응시, 자기분신으로서 도플갱어 등이 그것이다. 주목해야 할 것은 이 언캐니의 요소들이 디지털 이미지 안에 예술적 기법이 아니라 아예 기술적 조건으로 들어와 있다는 점이다. 몇 가지 예를 들어보자.

　오늘날 정보공학은 무생물에까지 생명을 부여한다. 우리의 사물은 이미 지능을 가지고 말을 듣고 말을 걸고, 인간의 행동에도 반응한다. 심지어 우리에게 시선을 돌려주기도 한다. 라캉이 말하는 '사악한 응시'는 오늘날 특별할 것 없는 일상이 되었다. 우리는 도처에서 각종 센서, RFID와 CCTV를 통해 사물들의 응시를 받는다. 늘 맹수에게 응시당하고 있을지 모른다고 느끼며 살았던 선사시대의 인류처럼 우리도 응시의 그물에 포획되어 있다. 응시는 위협적인 것이다. 군사적 맥락에서는 치명적이기도 하다. 폴 비릴리오Poul Virilio의 말대로, 거기서 시각장에 포착되는 것은 곧 파괴당하는 것을 의미하기 때문이다.[52]

　생명공학은 이른바 '후기생물학의 시대'를 열었다. 유전자 복제로 동물의 도플갱어를 만드는 것은 이미 산업의 영역에 속한다. 형질전환 기술을 통해 여러 동물이 종간 장벽을 넘어 인간과 유전자를 나눠 가졌다. 이로써 들뢰즈가 말하는 '동물-되기'가 기술적으로 실현된다. 최근에 복귀한 초현실주의의 경향들은 브르통의 자동주의가 아니라 바타유의 기저유물론을 추구한다.[53] 과학은 기존의 유전자를 변형하는 분석적 단계를 넘어 아예 새로운 유전자를 조립하는 합성의 단계로 접어들었다. 오늘날 합성생물학synthetic biology은 물질과 생명의 경계를 무너뜨림으로써 바타유의 "기저유물론"을 기술적으로 실천한다.

라캉에 따르면 언캐니extimité는 상징계 속에서 불현듯 '대상 a'와 마주치는 사건tuché에서 나온다. 내 안의 타자autre, 대상 a야말로 아우라에 감싸인 마지막 대상으로, 언캐니한 모든 감정의 원천이기도 하다. 그것은 상징계에 기입될 수 없는 정신분석학의 물物자체라 할 수 있다. 벤야민에 따르면 "엥겔스는 기술을 언급하면서 칸트의 현상주의를 반박할 수 있다'라고 생각했다. 즉 "기술의 발달로 물자체를 인식할 수 있음을 보여준다는 것이다."[54] 오늘날 과학은 그 '물자체'까지 넘보려는 모양이다. 그래선지 그동안 서로 아무 관련이 없던 뇌과학과 정신분석학이 최근 손을 잡고 함께 무의식을 연구하기 시작했다.[55]

미래로부터의 회귀

이는 회귀한 언캐니 취향이 20세기 초의 초현실주의와는 전혀 다른 기술적 배경을 가지고 있음을 시사한다. 과거에 죽음과 생명의 경계를 넘보는 것이 예술의 과제였다면, 오늘날 그 일은 기술이 하고 있다. 둘 다 죽음과 생명의 경계가 불분명해지는 지점을 탐색하기

영화 〈모던타임즈〉의 한 장면

때문에, 과거 예술이 발산하던 언캐니의 분위기가 오늘날 기술에서 발견되는 것이리라. 하지만 그 탐구를 추동하는 욕망은 서로 다르다. 즉 초현실주의 예술이 죽음충동Todestrieb에 이끌린 반면, 오늘날 생명공학을 이끌어가는 것은 어디까지나 삶충동Lebenstrieb이기 때문이다. 똑같은 언캐니라 해도 그 뉘앙스는 사뭇 다를 수밖에 없다.

또 하나 지적해야 할 것은 산업의 성격이 달라졌다는 점이다. 초현실주의가 등장한 시기에 유럽은 기계화의 정점에 있었다. 산업혁명의 인터페이스는 기계를 상수로 놓고 인간을 변수로 놓았다. 인간은 자신을 기계에 뜯어 맞추어야 했다. 초현실주의는 인간의 기계화에 따른 충격의 산물이었다. 하지만 지금은 1950년대부터 시작된 정보혁명이 정점에 달한 상태다. 정보혁명의 인터페이스는 인간을 상수로 놓고 기계를 변수로 놓는다. 기계를 인간에 맞추려면 기계에 생명을 부여해야 한다. 우리는 인간의 기계화에 따른 고통으로 신체적 충격을 받는 게 아니라, 기계의 인간화에 심리적 경탄을 쏟아내며 즐거워한다.

자본주의적 산업화로 인한 인간관계의 물화物化는 대표적인 마르크스주의적 비판의 초점이었다. 예를 들어 아도르노와 호르크하이머는 "과거의 인류는 생명이 없는 것에까지 생명을 부여했으나 현대의 인류는 생명까지도 사물화한다"라고 비판한다. 과거의 인류는 미메시스를 통해 자연에 동화되려 했으나, 계몽 이후의 인류는 자연을 지배하기 위해 그것을 죽은 것으로 간주했고, 후에는 인간마저 사물화하게 되었다는 것이다. 하지만 지금 우리가 눈으로 보는 것은 그와는 정반대 현상이다. 오늘날 테크놀로지는 사물을 생명화하고 있다. 생체모방기술biomimetic technology 속에서 선사인류의 미메시스와 역사시대의 테크놀로지는 하나가 된다.[56]

'계몽'을 통해 사회적으로 억압되었던 미메시스가 오늘날 테크놀로지의 계몽을 통해 회귀하고 있다. 생체모방학biomimetics은 '계몽의 변증법'의 기술적 패러디라 할 수 있다. 19세기에 '계몽'과의 대비 속에서 자신을 낯선 존재로 드러냈던 언캐니가 이렇게 '계몽의 계몽'을 통해 복귀하고 있다. 할 포스터는 네오 아방가르드를 옹호하기 위해 "그것(이) 미래로부터 복귀한다"[57]라고 말한 바 있다. 이 새로운 '언캐니'의 취향이야말로 과거에서 돌아온 것이 아니라 미래에서 찾아온 것이다. 그것은 할 포스터가 말하는 철학적('차이와 반복')·정신분석적 의미('지연 작용')가 아니라, 글자 그대로 기술적 의미('생체모방기술')에서 미래에서 찾아온 것이다.

모더니즘 미학은 '충격-방어'Shock-Defense의 모델 위에 구축되어 있었다. 하지만 디지털 미학은 그것을 '지루함-호기심'Ennui-Neugier의 모델로 대체해버린다. "미래는 핵과 인구의 폭발만이 아니라, 그와 동일한 정도로 지루함의 폭발로도 위협을 받고 있다"라는 플루서의 언급은 외설적으로 디지털의 세계감정을 드러낸다. 이 모든 사정은 오늘날 언캐니의 감정이 소환되는 방식이 제2차 세계대전 이전의 초현실주의 시절과는 상당히 다를 수 있음을 시사한다. 최근의 초현실주의적 경향은 지연작용을 통해 반복되는 하나의 현상이 아니라, 어쩌면 기술의 두 전환기에 나타난 두 개의 다른 현상일지 모른다.

디지털 언캐니

디지털의 푼크툼은 초현실주의의 그것과는 구별된다. 이를테면 강형구의 합성리얼리즘을 되돌아보자. 거기서 푼크툼은 '존재하나 재현되지 않는 것'이 아니라, '존재하지 않으나 재현되는 것'에서 나온다. 포스터에 따르면, 초현실주의가 "마치 우연인 것처럼 실재적인 것을 살짝 건드려 터져 나오게" 한다면, 포토리얼리즘은 정교한 환영의 표면으로 "실재계를 (……) 숨기려" 한다. 강형구의 초상에서는 이 두 경향이 하나가 된다. 관객은 정교한 표면에 도취하다가도 저 깊은 곳에서 쏘아보는 '응시'에 불현듯 섬뜩함을 느낀다. 하지만 이 투케는 허구적으로 구성되고 인위적으로 연출된 것, 극사실의 기법으로 '제작된' 푼크툼이다.

실재계가 상상계-상징계로 돌출하는 것이 고전적 의미의 '투케'라면, 디지털 이미지는 외려 상상계-상징계의 연합("기술적 상상력")으로 '투케'를 연출한다. 여기서는 외려 상상계-상징계가 실재계로 침입하여 '대상 a'의 응시를 허구의 '푼크툼'으로 대체해버린다. 이 연출된 투케, 이 제작된 푼크툼은 쓰라린 외상의 동작주라기보다는 차라리 달콤한 관음의 대상이다. 디지털 이미지의 언캐니는 어쩌면 외상적traumatic이라기보다는 차라리 치유적therapeutic인지도 모른다. 그것의 효과는 아리스토텔레스가 말한 비극의 기능, 즉 상황의 시뮬레이션을 통해 트라우마, 즉 운명에서 오는 연민과 공포를 '배설'하는 것에 가깝다.

현대의 테크놀로지는 역사적-진화론적 분류체계를 무력화한다. 오늘날 공학적 개입을 위해 사회학과 생물학, 생물학과 화학,

화학과 물리학의 경계는 흐려지고 있다. '생명공학'이라는 말 자체가 이미 기계와 생체 구별의 무력화를 함축한다. 이것이 언캐니의 새로운 원천이다. 하지만 '이' 언캐니는 생명에서 물질로 돌아가려는 기저유물론이 아니라, 물질에서 생명을 창조하려는 과학적 유물론의 산물이다. 그것은 분화 이전으로 돌아가려는 퇴행적 욕망이 아니라, 생명의 연장을 위해 그것을 재연하려는 진보적 욕망과 관련된다. 디지털 가상은 죽음의 영역을 들여다보는 섬뜩함을 죽음의 기술적 극복에 대한 낙관적 기대 속에서 유희적ludic으로 재생한다.

언캐니는 유미화할 수 있다. 이미 낭만주의 시대에도 "시체 같은 아름다움"corpse like beauty이라는 식의 선망이 존재했다.[58] 디지털 가상에서 언캐니는 혐오스러워 '은밀한 욕망'의 대상이 되기보다는 너무 아름다워서 '노골적 선망'의 대상이 된다. 이를테면 올렉 도우가 찍은 모델들의 아름다움은 유기체(인간)와 무기물(마네킹)의 혼합에서 나온다. "패션은 살아 있는 육체를 무기물의 세계와 결합시킨다. (……) 무기적인 것에서 섹스어필을 느끼는 물신숭배야말로 패션의 생명"[59]이라는 벤야민의 언급은 여기서 은유가 아니라 현실이 된다. "무기물의 섹스어필"은 ─ 이를테면 루니 마라Rooney Mara(1985~)의 분장에서 보듯이 ─ 이미 대중의 새로운 미감이다.

외상적 주체에서 창조적 기획으로

할 포스터는 "외상과 혐오에 대한 관심"을 "포스트구조주의적 포스트모더니즘에서 억압되었던 실재계가 외상으로서 복귀"하는 현상으로 해석한다. 그는 거기서 기존질서를 "와해"하고 "돌파"할 가능

루니 마라의 분장술.

성을 보며, 그러기 위해 그 "위반을 (……) 상징적 질서 안에서 전략적 아방가르드에 의해 추적된 균열fracture로서 다시 생각"[60]하자고 제안한다. 이렇게 그는 '외상 담론'으로 역사적 아방가르드를 연장하려 한다. 그런 의미에서 그는 여전히 '모던'하다고 할 수 있다. 하지만 그의 생각대로 외상적 주체의 확립으로 이 상황의 돌파구가 생길 것 같지는 않다. 오늘날은 '언캐니'가 그나마 전복적 의미를 가질 수 있었던 1920~1930년대와는 여러 조건이 다르기 때문이다.

여기서 20세기 후반에 벌어진 일들을 되돌아보기로 하자. 이른바 '포스트모던'은 플루서가 지적한 문자문화의 위기, 즉 텍스트가 세계를 표상할 수 없음을 자인하는 것으로 시작되었다. 데리다에 따르면 "텍스트-너머란 존재하지 않는다." 그에게 텍스트는 초월적 기의에 도달하지 못하는 기표들의 무한연쇄에 불과하다.[61] 워홀의 작품세계는 무한히 반복될 것 같은 이미지의 연쇄로 지시를 잃은 순수한 시뮬라크르의 자전을 보여준다. "변함없이 정확한 것을 좀 더 많이 보면 볼수록 의미는 점점 더 사라지게 되며 (……) 당신은 점점 더 공허하게 느끼게 된다."

실재가 사라진 자리에는 이제 초실재hyperreal가 나타난다. 팝에 이어 등장한 하이퍼리얼리즘(=포토리얼리즘)은 실재의 사라짐을 실재보다 더 강력한 표면으로 보상하려 한다. 보드리야르의 시뮬라시옹은 "그 자신의 순수한 시뮬라크르"[62]다. 그것은 자기 자신 외에 아무것도 표상하지 않는 순수표상이다. 실재는 이 순수한 상상계-상징계의 밖에 동화될 수 없는 이물질로 남아 있다가, 가끔 시뮬라시옹 안으로 침입한다. 이를 '돌발사태'라 부른다. 실재계의 요소는 아무리 사소한 것일지라도 위험한 '것'이다. 상징계를 교란하는 투케처럼, 시뮬라시옹의 실재성을 의문에 붙여, 돌연 그것의 가상성을 폭로할 수도 있기 때문이다.

　시뮬라시옹은 '저지전략'strategy of deterrence으로 이 회귀한 실재를 다시 지움으로써 자신을 유지해나간다. 이렇게 보드리야르에게 시뮬라시옹은 여전히 실재를 대신하는 가상으로 남는다. 플루서는 훨씬 급진적이다. 그의 인간은 상상계와 상징계의 연합("기술적 상상력")으로 새로운 실재를 창조해낸다. 이것은 존재하는 세계의 모의simulation가 아니라 존재하지 않는 세계의 창조creation다. 한마디로 플루서의 디지털 가상은 더는 실재를 은폐하는 '시뮬라크르'가 아니다. 그 자체가 새로운 실재다. 보드리야르는 플라톤주의를 부정하기 위해 여전히 플라톤주의 안에 머무른다. 하지만 플루서는 플라톤을 넘어 이미 니체주의적이다.

　역사를 신뢰했던 모더니스트들은 급진적 비판("아방가르드")과 적극적 참여("앙가주망")를 수행했다. 하지만 텍스트에 대한 신뢰를 잃은 포스트모더니스트들은 사안에 대해 판단을 중지한다. 이 보수적·소극적 태도에서 '데드팬'의 냉정한 분위기가 나온다. 이 냉담함이 허무함과 우울함으로 이어지기도 한다. 실제로 할 포스터는 포스트모던의 "멜랑콜리적 감정 구조"에 대해 언급한 바 있다.[63] 디지털의 인간 역시 미결정의 무無 앞에 서 있다는 의미에서 허무주의적이다. 하지만 그것은 니체적 의미에서 창조적 허무주의, 즉 급진적이고 적극적인 허무주의다. 디지털의 인간은 자신을 외상적 주체가 아니라 창조적 기획으로 느낀다. 이것이 디지털의 세계감정이다.

추기

지젝Slavoj Žižek(1949~)은 유전공학이 우리를 라캉이 말한 실재계로 인도한다고 말한다. "게놈을 마주하고 있는 나는 아무것도 아니다. 이 아무것도 아닌 것이 주체 자체이다."[64] 유전공학을 정신분석과 관계시킨다는 점에서는 새롭지만 그의 논의는 여전히 라캉의 주체 비판('내가 생각하는 곳에 나는 없다')의 프레임 안에 머무른다. 지젝은 유전공학이 정신과 영혼을 물질화함으로써 인간의 존엄을 무너뜨린다고 한탄하는 대신에 그 물질화가 가진 해방적 측면에 주목하라고 말한다. 하지만 그 '해방적 측면'이 구체적으로 무엇인지는 말하지 않는다. 말할 수도 없을 것이다. 유전공학이 우리에게 보여주는 텅 빈 주체Subjeckt의 자리에 들어서는 것은 기획Projeckt이다. 기획으로서 인간은 윤리적 허무를 미적 창조로 건딘다.

맺음말

오르비스 떼르띠우스

보르헤스의 작품 중 〈틀뢴, 우크바르, 오르비스 떼르띠우스〉(1940)라는 단편이 있다. 여기서 저자는 1인칭 화자로 등장한다. 어느 날 보르헤스는 지인과 대화를 나누다가 우연히 '우크바르'Uqbar라는 지명에 대해 듣는다. 그들이 참조한 해적판 백과사전Anglo-American Cyclopedia은 그것이 이라크 혹은 소아시아의 어느 곳에 있다고 말하나, 현실의 그 어떤 지리부도에도 우크바르라는 지명은 수록되어 있지 않다. 결국 그들은 그것이 현실의 장소인지 허구의 지명인지 확정하지 못한다.

그 백과사전에서 보르헤스의 관심을 끈 것은 "이 우크바르라는 문헌은 환상적 성격의 것이어서, 그곳의 서사시와 전설은 현실에 대해서는 전혀 언급하지 않은 채 오직 믈레이나스Mlejnas와 틀뢴Tlön이라는 상상의 지역에 대해서만 언급을 한다"라는 문장이었다. 그로부터 2년 후인 1937년 아버지의 친구였던 허버트 애시가 작고한다. 보르헤스는 우연히 그가 작고하기 며칠 전 받았다가 바에 놓고 간 소포를 발견한다. 그 안에는 한 권의 책이 들어 있었는데, 그 책의 제목은 놀랍게도 '틀뢴의 첫 백과사전 제11권'이었다.

백과사전 제11권에는 '틀뢴'이라는 상상의 지역에 관한 상세한 기록이 담겨 있었다. 이 기록에 따르면 틀뢴의 언어는 우리의 것과 급진적으로 달라 아예 명사가 존재하지 않는다. 틀뢴의 남부에서는 명사가 동사로 대체된다. 그리하여 '달'이라는 명사를 대신하여 '달뜨다'라는 동사가 사용된다. 북부지역에서는 명사가 형용사로 대체된다. 거기서 '달'은 '어둠 속의 둥글고 투명하게 밝음'이라 불린다. 틀뢴의 형이상학은 우리의 것과 급진적으로 다를 수밖에 없다. 명사가 없다는 것은 곧 형이상학의 대상인 실체를 부정하는 것이기 때문이다.

실제로 상상의 나라 틀뢴은 실체가 없는, 조지 버클리류의 완전한 관념론의 세계다. 이 영국 주교에 따르면 '존재는 지각되는 것'esse est percipi이다. 즉 사물은 우리가 지각하기 때문에 존재한다. 그렇다면 눈앞에 보는 사물도 등을 돌리는 순간 사라졌다가 뒤로 고개를 돌리는 순간 다시 나타나야 할 것이다. 물론 버클리는 자신의 논지를 이렇게까지 급진화하지는 않는다. 존재는 지각되는 것이나, 우리가 지각하지 않는 상태에서도 사물은 여전히 존재한다. 왜냐하면 우리가 보지 않는 상태에서도 전능한 신이 늘 세계를 지켜보고 있기 때문이란다.

틀뢴에는 시간만 존재할 뿐 공간이 존재하지 않는다. 실체를 부정하는 그 세계의 모든 것은 사유 속의 '관념'에 불과하기 때문이다. 사물의 병존이나 인과관계는 그저 사유 속에서 이루어지는 '관념의 연합'에 불과하다. 버클리의 세계와 달리 틀뢴에는 전능한 신의 눈이 존재하지 않는다. 그러므로 사물은 지각하는 눈이 없거나 혹은 정신에서 망각되는 순간 그 존재가 지워지고 만다. "고전적 실례는 출입구가 거지가 방문하는 한에서만 존재하는 것이다. 때로는 몇몇 새들이나 한 마리의 말이 원형극장의 폐허를 구하기도 한다."

틀뢴 백과사전 제11권이 발견되자, 틀뢴의 실체를 놓고 논란

이 벌어진다. 그 논란의 결과 사람들은 이 멋진 신세계가 "천문학자, 생물학자, 엔지니어, 형이상학자, 시인, 화학자, 대수학자, 도덕주의자, 화가, 측량기사 등으로 이루어진 비밀결사가 어떤 알 수 없는 천재의 지휘 아래 함께 만들어낸 작품"일 것이라 추정하게 된다. 과연 1941년에 발견된 어느 편지를 통해 이 가상(우크바르)과 그 가상 속의 가상(틀뢴)이 실제로 17세기에 결성된 어느 비밀결사의 작품임이 드러난다. 결사의 멤버 중에는 달가르노와 버클리도 포함되어 있었다.

원래 그들은 하나의 '나라'를 통째로 고안하려 했다고 한다. 하지만 한 세대 안에 그 일을 완수할 수 없음을 깨닫고, 각자 사도를 뽑아 세대에서 세대로 과업을 물려주기로 한다. 그로부터 200년 후 미국 테네시의 거부 에즈라 버클리라는 인물이 이 비밀결사의 사도가 되어 더 대담한 기획을 제안한다. 미국에서 '나라'를 고안하는 것은 흥미롭지 않으니 아예 '행성'을 고안하자는 것이다. 그는 이 작업에 자신의 전 재산을 바치면서 한 가지 단서를 단다. "예수 그리스도라는 사기꾼과 동맹을 맺어서는 안 된다." 한마디로 인간이 버클리의 신을 대신하겠다는 뜻이다.

1941년 멤피스의 어느 도서관에서 40권에 달하는 틀뢴 백과사전이 발견된다. 원래 이 사전은 틀뢴어로 발간될 예정인 '오르비스 떼르띠우스'orbis tertius라는 더 상세하고 방대한 작업의 초안이었다. 아버지의 친구 허버트 애시는 '제3의 세계'라는 가상 행성의 조물주 중 하나였다. 총 40권으로 이루어진 멤피스의 사본에서는 '틀뢴 백과사전 제11권'에서 지나치게 비현실적으로 묘사된 부분들이 삭제되어 있었다. 보르헤스는 "이 생략들은 현실세계와 지나치게 양립불

가능하지 않은 세계를 보여준다는 계획에 따른 것"이라 추정한다.

이어서 마술적 반전이 도입된다. 틀뢴은 가상의 행성에 불과하지만, 현실의 여기저기에서 가장자리에 틀뢴의 알파벳이 새겨진 나침반이나 크기에 비해 엄청난 무게를 가진 동전 등 틀뢴에서 온 것으로 볼 수밖에 없는 징표들이 발견되기 시작한다. 환상의 세계가 현실의 세계로 쳐들어오기 시작한 것이다. 날이면 날마다 언론에는 틀뢴에서 온 물건이 발견되었다는 기사가 실린다. 이렇게 틀뢴의 물건들을 여러 나라에 산포*dissemination*하는 것도 틀뢴을 완성한다는 계획의 일부이리라. 물론 그 징표들은 아마도 비밀결사가 꾸며낸 위조품일 것이다.

여기까지는 사실 이상한 데가 없다. 진정한 마술은 그다음에 시작된다. 보르헤스는 틀뢴 백과사전의 영향으로 현실 자체가 환상으로 변해가는 과정을 묘사한다.

> 학교들은 이미 틀뢴의 '원시적 언어'의 침공을 받고 있다. 그것의 조화로운 역사에 대한 가르침이 어린 시절 우리가 배웠던 역사를 지워버렸다. 그 결과 우리 기억 속에서 허구적 과거가, 우리가 확실히 알지도 못하며 심지어 그것이 허위라는 것을 알지도 못하는 과거가, 다른 것의 자리를 차지해버렸다. 화폐학, 약학, 고고학이 개혁되었다. 나는 생물학과 수학 역시 자신들의 아바타를 기다린다는 것을 안다. 고독한 사람들의 흩어진 왕조가 세계의 얼굴을 바꾼 것이다. 그들의 과업은 계속된다. 우리의 예측이 틀리지 않는다면, 지금으로부터 100년 후에 누군가 백여 권으로 이루어진 두 번째 틀뢴 백과사전을 발견할 것이다.

보르헤스의 단편은 오늘날 디지털 시대에 벌어지고 있는 일의 예언처럼 보인다. 공간은 없고 시간만 존재하는 '틀뢴'은 초기의 사이버스페이스를 닮았다. 우리는 이 역시 '공간'이라 부르나, 그것은 그저 '은유'일 뿐 모니터 안에 글자 그대로 또 다른 공간이 존재하는 것은 아니다. 초기의 틀뢴처럼 인터넷 역시 초기에는 국지적 현상으로서 비밀결사를 연상시키는 몇몇 전문가 그룹만의 전유물이었다. 이른바 월드와이드웹www과 더불어 인터넷은 비로소 지구 전체를 포괄하는 규모로 확장된다. 이는 틀뢴이 '나라'에서 '행성'의 규모로 진화한 것을 연상시킨다.

컴퓨터는 점점 소형화하여 2000년 이후 모바일 환경으로 진화한다. 이때부터 컴퓨터 담론의 중심도 서서히 가상현실에서 증강현실로 자리를 옮긴다. 가상현실 기술이 현실의 인간을 가상의 환경에 몰입시킨다면, 증강현실에서는 가상을 불러와 현실의 층위에 중첩시킨다. 보르헤스의 단편에서 틀뢴의 대상들은 환상의 나라에서 현실공간 속으로 산포된다. 단편의 말미에서는 환상의 세계에서 온 대상들이 현실세계에 침투하여 그것과 어지럽게 뒤섞이는 현상이 묘사된다. 이 역시 지금 우리 눈앞에 벌어지는 일이다.

흥미로운 것은 "현실세계와 지나치게 양립불가능하지 않은 세계를 보여준다는 계획"에 따라 틀뢴의 기획이 한 번 수정을 겪었다는 점이다. 사이버 공간은 현실의 공간과 급진적으로 달라, 그곳에서는 현실의 물리학이 통용되지 않는다. 초기의 틀뢴 역시 현실과 급진적으로 다른 세계로 고안되었다. '틀뢴'이 현실에서 실현될 새로운 세계의 설계도가 되려면, 그것은 현실세계와 양립가능한 형태로 디자인되어야 한다. 이 수정은 틀뢴이 현실과 유리된 자족적 세계로 머물지 않고 현실의 세계로 침투할 준비를 갖추었음을 의미한다.

이미 우리는 가상과 현실이 뒤섞인 세계에 살고 있다. 디지털 가상과 아날로그 현실을 어떻게 중첩시키느냐는 오늘날 인터페이스 디자인의 가장 중요한 과제다. 이런 상황을 우리는 '파타피지컬'이라는 용어로 특징지은 바 있다. 보르헤스의 단편은 마치 예언서처럼 가상의 습격으로 우리의 현실이 파타피지컬해지는 상황을 묘사한다. 어쩌면 라틴아메리카 문학을 특징짓는 '마술적 리얼리즘'magic realism이라는 형식 자체가—'매직'과 '리얼'이라는 모순적 용어의 결합에서 볼 수 있듯이—파타피지컬한지도 모른다.

틀뢴이라는 행성을 고안하는 "데미우르고스들"은 디지털 가상의 프로그래머들을 의미할 것이다. 그들이 우리가 들어 사는 매트릭스의 아키텍트들이다. 네트워크로 연결된 이 "고독한 사람들의 흩어진 왕조"가 여전히 "세계의 얼굴을 바꾸고" 있다. "지금으로부터 100년 후에 누군가 백여 권으로 이루어진 두 번째 틀뢴 백과사전을 발견할 것이다." 보르헤스가 이렇게 예언한 지 어언 70여 년이 흘렀다. 그가 말한 백여 권의 백과사전은 아마도 우리의 디지털 세계를 작동시키는 수많은 프로그램을 담고 있을 것이다.

보르헤스가 우크바르에 주목하게 된 계기는 '생식과 거울이 혐오스럽다'라는 친구의 부정확한 인용문이었다. 친구가 불완전하게 기억한 그 인용의 원문은 다음과 같다. "그 영지주의자들 중의 하나에게 우주는 환영 혹은 (더 정확히 말하면) 궤변이었다. 거울과 부성父性은 혐오스럽다. 왜냐하면 그것들은 그 우주를 증식하고 산포하기 때문이다." 인상적인 것은 '생식'과 '거울'을 같은 것으로 보는 시각이다. 이 영지주의자에게 동물을 복제하는 것과 그림을 복제하는 것 사이에 본질적 차이는 없을 것이다. 형질전환의 기술로 탄생한 새 생명들은 틀뢴에서 우리의 현실로 내려보낸 아바타인지도 모른다.

아직도 건축되고 있음이 틀림없는 틀뢴은 '제3의 세계'orbis tertius라고 불린다. 여기에는 모종의 변증법적 종합이 있다. 과거의 현실이 제1세계라면, 그에 대한 반발로 고안된 틀뢴은 제2세계일 것이다. 초기의 틀뢴은 현실과 유리된 철저한 가상의 세계다. 하지만 수정된 틀뢴은 환상의 세계이면서도 현실에 침투하여 실현되려 한다. 보르헤스가 말하는 '제3의 세계'는 기술적 상상력으로 추동되는 디지털 문화를 닮았다. 여기서도 상상은 기술을 통해 현실이 된다. 70여 년 전에 쓰인 보르헤스의 이 짧은 단편이 우리가 사는 세계의 특성을 이미 요약하고 있다. 그의 단편을 이 책의 엠블렘으로 삼은 것은 그 때문이다.

주

6장 디지털 푼크툼

1 　롤랑 바르트,《밝은 방》. 김웅권 옮김. 동문선. 2006. p. 42.

2 　수전 손택,《사진에 관하여》(1977). 이재언 옮김. 이후. 2005. p. 35.

3 　Nancy Shawcross, *Roland Barthes on Photography: The Critical Tradition in Perspective*. University Press of Florida. 1997. pp. 67~85.

4 　Patrick Maynard, *The Engine of Visualization: Thinking Through Photography*. Cornell University Press. 1997. p. 13.

5 　Michael Fried, ˝Barthes's Punctum˝. In: *Critical Inquiry*. Vol. 31, No. 3. Spring 2005. pp. 539~574.

6 　James Elkins, ˝What Do We Want Photography to Be?˝. In: *Critical Inquiry*. Vol. 31, No. 4. 2005. pp. 938~956.

7 　《밝은 방》. p. 22.

8 　2009년 초봄에 이루어진 작가 인터뷰.

9 　발터 벤야민, 〈기술복제시대의 예술작품〉,《발터 벤야민의 문예이론》. 반성완 편역. 민음사. 1983. p. 204.

10 　발터 벤야민, 〈보들레르의 몇 가지 모티브에 관해서〉,《발터 벤야민의 문예이론》. 반성완 편역. 민음사. 1983. p. 158.

11 　자크 라캉,《세미나: 정신분석의 네 가지 근본개념》. 맹정현·이수련 옮김. 새물결. p. 163.

12 　Jonathan Lipkin, *Photography Reborn: Image Making in the Digital Era*. Abrams Books/New York. 2005. p. 55.

13 　http://www.kcott.com/work4.php.

14 　《사진에 관하여》, p. 48.

15 　Namjun Paik, Binghamton Letter. January 8, 1972. In: David Dun (ed.). *Eigenwelt der Apparate-Welt Pioneers of Electronic Art*. Ars Elctronica. 1992. p. 126.

16 《밝은 방》, p. 25.

17 Keith Cottingham, Pictitious Potraits. 1992. http://www.kcott.com/ work4.php.

18 루트비히 비트겐슈타인, 《철학적 탐구》. 이영철 옮김. 서광사. 1994.

19 솔 크립키, 《이름과 필연》. 정대현 옮김. 서광사. 1989.

20 Jonathan Lipkin, *Photography Reborn: Image Making in the Digital Era*. Abrams Books/New York. pp. 29~39.

21 발터 벤야민, 〈사진의 작은 역사〉, 《발터 벤야민의 문예이론》. 반성완 편역. 민음사. 1983. p. 248.

22 Vilém Flusser, "Nancy Burson-Chimären". In: Hubertus v. Amelunxen, Stefan Iglhaut und Florian Rötzer (hrsg.), *Fotografie nach der Fotografie*, Verlag der Kunst 1996. pp. 150~155.

23 北野謙, 《our face：日本に暮す様々な人々 3141人を重ねた肖像》. 窓社. 2005. 6.

24 Richard Wright, "The Death of the Death of the Portrait (About Face：Photography and the Death of the Portrait". Hayward Gallery. London. 24 June~5 September 2004). In: *MUTE*, no. 29, winter/spring 2005.

25 http://www.haverhill2000.com/haverhill/pages/infomain.html.

26 Jonathan Lipkin, *Photography Reborn: Image Making in the Digital Era*. Abrams Books/New York. 2005. p. 35.

7장 언캐니

1 森政弘, "不氣味の谷". *Energy*. 7卷, 4号. エッソスタンダード石油(株). 1970年. 33~35頁.

2 Ernst Jentsch, "Zur Psychologie des Unheimlichen". In: *Psychatrisch-Neurologische Wochenschrift*. Nr. 22, August 25, 1906. S. 195~205.

3 E. T. A. 호프만, 《모래 사나이》. 김현성 옮김. 문학과지성사. 2001. pp. 54~56.

4 Sigmund Freud, *Das Unheimliche* (1919). In: Sigmund Freud, *Gesammelte Werke, Chronologisch geordnet* (Hrsg. v. Anna Freud). u.a. Bd. XII. Fischer Taschenbuch-Verlag, Frankfurt am Main. 1999. S. 227~278.

5 Frank E. Pollick, "In Search of the Uncanny Valley". In: *UCMedia*. Vol. 40.

Springer 2009. pp. 69~78.

6   Karl F. MacDorman and Hiroshi, Ishiguro, "The Uncanny Advantage of Using Androids in Cognitive and Social Science Research". In: *Interaction Studies 7:3*. 2006. pp. 297~337.

7   David Hanson, "Expanding the Aesthetic Possibilities for Humanoid Robots". In: Proc. IEEE Humanoid Robotics Conference, special session on the Uncanny Valley. Tskuba. Japan. December 2005.

8   石黒浩, 《アンドロイドサイエンス. システム制御情報》. Vol. 49, No. 2. 2005. pp. 47~52.

9   David Hanson, 같은 곳.

10   Simon Penny, Petit Mal. http://simonpenny.net/works/petitmal.html.

11   Tatsuya Matsui, About Robot Design. http://www.sbi.jp/symbio/people/tmatsui/.

12   모리 마사히로, 언캐니 밸리에 관하여. 언캐니 밸리 워크샵에 보내는 편지. 2005.

13   모리 마사히로, 《로봇에게 배우는 불교》. 마에다 류 옮김. 경서원. 2001. pp. 225~239.

14   Peter Weishar, *Moving Pixels: Blockbuster animations, digital art and 3D modelling today.* Thames & Hudson. p. 21.

15   Susan Bush, Hsio-yen Shi, *Early Chinese Texts on Painting.* Hongkong University Press. 2012. p. 24.

16   Stephen Prince, *Digital Visual Effects in Cinema: The Seduction of Reality.* Rutgers University Press. 2012. p. 7.

17   Livia Monnet, "A-Life and the Uncanny in 'Final Fantasy; the Spirits Within'". In: *Science Fiction Studies.* Vol. 31, No. 1. Mar 2004. pp. 97~121.

18   Alison Oddey and Christine White, *Modes of Spectating.* The University of Press. 2009. p. 37.

19   Lawrence Weschler, *Uncanny Valley: And Other Adventures in the Narrative.* Couterpoint. 2011. pp. 275~276.

20   Vilém Flusser, *Lob der Oberflächlichkeit: Für eine Phänomenologie der Medien.* Bollman. 1993. pp. 272~285.

21   스티븐 홀츠먼, 《디지털 모자이크》. 이재현 옮김. 커뮤니케이션북스. 2002. pp. 179~199.

22 레프 마노비치, 《뉴미디어의 언어》. 서정신 옮김. 생각의나무. 2004. pp. 262~ 269.

23 http://www.image-metrics.com/project/emily-project.

24 《뉴미디어의 언어》, pp. 254~255.

25 Richard B. Woddward, "The Eerily Lovely Children of the Photoshop Generation". *The New York Times*. February 29, 2004.

26 Russel Hart, "In Focus". *American Photo*. Vol. XVI, No. 3. May/June 2005.

27 Nola Tully, "Carefully Composed Inconsistency", *The Sun*. May 12, 2005.

28 Lori Waxman, Critic's Pick. *Artforum*. January 2006.

29 Louise Baring, "I Use Children as a Metaphor For a Lost Paradise", *Telegraph*. March 12, 2005.

30 Oleg Dou, Artist Statement. on: http://1347.portfolio.artlimited.net/.

31 Daniel Rubinstein, "Digitally Yours; the Body in Contemporary Photography". In: *The Issues in Contemporary Culture and Aestetics*. Nerve Ltd. 2009.

32 Sigmund Freud, S. 254.

33 Hiroshi, Sugimoto, Tracey R. Bashkoff and Nancy Spector, *Sugimoto: Portraits*. Harry N. Abrams, Inc. 2000.

34 Martha Buskirk, *The Contingent Object Of Contemporary Art*. The MIT Press. 2005. p. 125.

35 http://www.sugimotohiroshi.com/wax.html

36 할 포스터, 《욕망, 죽음 그리고 아름다움》. 전영백 옮김. 아트북스. 2005.

37 지그문트 프로이트, 《쾌락 원리의 저편》. 강영계 옮김. 지만지. 2009.

38 George Bataille, "Base Materialism and Gnosticism". In: Allan Stoeke (ed.), *Visions of Excess: Selected Writings 1927~1939*. University of Minnesota Press. 1985. pp. 45~52.

39 Bill Sullivan, The Real Thing: Photographer Luc Delahaye. http://www.artnet.com/magazine/features/sullivan/sullivan4-10-03.asp.

40 Hans Bellmer, *Die Puppe* (1933). Verlag Ullstein. 1976.

41 Sigrid Schade, The Media/Games of the Doll [1] From Model to Cyborg. Contemporary Artists' Interest in Surrealism. http://www.medienkunstnetz.de/themes/cyborg_bodies/doll_bodies/1/.

8장 휴브리스와 네메시스

1 Maria Luiza Melo Carvalhos, *Novas Travessias: Contemporary Photography in Brazil*. Verso. 1996. p. 171.

2 André Teixeira, "Mago da Fotografia Digital". In: *Photos* & *Imagens*. nr. 10. Fevereiro/março de 2000.

3 Jacques Derrida, *Die Fotografie als Kopie, Archiv und Signatur*. Im Gesprächmit Hubertus v. Ameluxen und Michael Wetzel (Aus dem Französischen von Michael Wetzel). In: Wolfgang Kemp und Hubertus v. Ameluxen (hrsg.), *Theorie der Fotographie*. Bd. Ⅳ.S. 280~296.

4 플라톤, 《국가》 9권. 박종현 옮김. 서광사. 1997. pp. 600~601.

5 호라티우스, 《시학》. 천병희 옮김. 문예출판사. 1999.

6 호이징가, 《중세의 가을》. 최홍숙 옮김. 문학과지성사. 1997.

7 데카르트, 《방법서설·성찰·정념론·철학의 원리 外》. 김형효 옮김. 삼성출판사. 1982. p. 144.

8 월터 옹, 《구술문화와 문자문화》. 이기우·임명진 옮김. 문예출판사. 1995.

9 Bernard Andrieu, "Embodying the Chimera: Biotechnology and Subjectivity". In: Eduardo Kac (ed.), *Signs of Life*, The MIT Press. 2007. pp. 57~67.

10 Carole B. Fehily, S. M. Willadsen and Elizabeth M. Tucker, "Interspecific Chimaerism between Sheep and Goat". *Nature* 307. pp. 634~636.

11 Nancy Spector, "Only the Perverse Fantasy Can Still Save Us". In: *Nancy Spector and Neville Wakefield, Matthew Barney: The Cremaster Cycle*. iPublish.com. 2002. pp. 30~33.

12 Matthew Barney: The Cremaster Cycle. In: *World of Art Issue* 7. Volume 3. Contemporary Global Art. 2003. pp. 1~11.

13 질 들뢰즈·펠릭스 가타리, 《천 개의 고원》. 김재인 옮김. 새물결. 2001. p. 306.

14 《천 개의 고원》. 제10장 "1730년-강렬하게 되기, 동물 되기, 지각불가능하게 되기."

15 박은주, "카프카의 탈영토화하는 글쓰기". 〈카프카연구〉 제13집. 한국카프카학회. 2005. pp. 125~150.

16 질 들뢰즈, 《감각의 논리》. 하태환 옮김. 민음사. 1995.

17 Dušan Borić, "Body Metamorphosis and Animality: Volatile Bodies and Boulder Artworks from Lepenski Vir". In: *Cambridge Archaeological Journal* 15:1.

McDonald Institute for Archaeological Research. 2005. pp. 35~69.

18 Simon O'Sullivan. *Art Encounters Deleuze and Guattari*. Palgrave Macmillan. 2006. p. 150.

19 Jacqueline Millner. "Patricia Piccinini: Ethical Aesthetics". In: *Artlink*. 2001.

20 Laura Fernandez Orgaz and Patricia Piccinini, The Naturally Artificial World (Interview). In: (Tender) Creatures Exhibition Catalogue. Artium. 2007.

21 같은 곳.

22 같은 곳.

23 Linda Michael. We are family. http://www.patriciapiccinini.net/.

24 마르틴 하이데거. 《기술과 전향》. 이기상 옮김. 서광사. 1993.

25 Patricia Piccinini, Artist Statement (1999). http://www.patriciapiccinini.net/.

26 Giovanni Aloi. *Art and Animals*. I. B. Tauris. 2012. p. 83.

27 Peter Hennessey. "A Face Only a Mother Could Love: Patricia Piccinini's Offspring". In: Call of the Wild (exhibition catalogue), MCA Sydney. 2002.

28 Donna Haraway. Speculative Fabulations for Technoculture's Generations: Taking Care of Unexpected Country. In: (Tender) Creature Exhibition catalogue. Artium. 2007.

29 Roy Ascott. *Telematic Embrace: Visionary Theories of Art, Technology, and Consciousness* (ed. Edward A. Shanken). University of California Press. 2003. pp. 363~374.

30 Roy Ascott. "Edge-Life: Technoetic Structures and Moist Media". In: *Art, Technology, Consciousness: Mind Large*. Intellect Books/London. 2000.

31 Sue-Ellen Case. *Performing Science And the Virtual*. Routledge/New York. 2007. p. 198.

32 Christopher Hight. *Architectural Principles in the Age of Cybernetics*. Routledge. 2008. p. 11.

33 Roy Ascott, Aspects of Gaia: Digital Pathways across the Whole Earth, an Installation for the 1989 Ars Electronica Festival in Linz, Austria.

34 Roger Ebert. "Why I Hate 3D (And You Should Too)". In: *Newsweek*. May 10, 2010.

35 Thomas Elsaesser. "Die 'Rückkehr der 3D-Bilder". In: Gundolf S. Freyermuth und Lisa Gotto (hrsg.), *Bildwerte: Visualität in der digitalen Medienkultur*. Transcript

Verlag/Bielefeld. 2013. S. 25~67.

36 Akira Mizuta Lippit, "Three Phantasies of Cinema-Reproduction Mimesis Annihilation". In: *Paragraph*. 22(3). 1999. pp. 213~227. 위의 책 S. 40에서 재인용.

9장 인 비보·인 비트로·인 실리코

1 Mary Warner Marien, *Photography A Cultural History*. Laurence King Publishing. 2002. pp. 181~187.

2 Ronald J. Gedrim, "Edward Steichen's 1936 Exhibition of Delphinium Blooms: An Art of Flower Breeding". In: Eduardo Kac (ed.), *The Sings of Life: Bio Art and Beyond*. The MIT Press. 2007. pp. 347~369.

3 George Gessert, "Why I Breed Plants". In: Eduardo Kac (ed.), *The Signs of Life: Bio Art and Beyond,* The MIT Press. 2007. pp. 185~198.

4 Vilém Flusser, "On Science". In: Eduardo Kac (ed.), *The Sings of Life: Bio Art and Beyond.* The MIT Press. 2007.

5 Eduardo Kacs, Bio Art: In Vivo Aesthetics. 국제학술심포지엄 자료집. 대전미술관. 2012. pp. 65~79.

6 "국내 연구진, 적색형광 복제 고양이 생산". 연합뉴스. 2007. 12. 12.

7 "On Science", p. 271.

8 William Mitchell, "The Work of Art in the Age of Biocybernetic Reproduction". In: *Modernism/ Modernity*. 10, No. 3. 2003. pp. 481~500. (p. 500.)

9 Eduardo Kacs, *Telepresence & Bio Art: Networking Humans, Rabbits, & Robots.* The University of Michigan Press. 2005. p. 266.

10 Bio Art: In Vivo Aesthetics. p. 79.

11 Haig Keshishian and Ross Harrison, "The Outgrowth of the Nerve Fiber as a Mode of Protoplasmic Movement". In: *Journal of Experimental Zoology*. 301A. 2004. pp. 201~203.

12 Oron Catts and Ionat Zurr, "Semi-Living Art". In: Eduardo Kac (ed.), *The Signs of Life*. The MIT Press. 2007. pp. 231~247.

13 Oron Catts and Ionat Zurr, "Growing Semi-Living Sculptures: The Tissue Culture & Art Project". In: *Leonardo*. Vol. 3, No. August 4, 2002. pp. 366~370.

14 http://www.tca.uwa.edu.au/guestbook/index.aspx.

15 http://www.themonthly.com.au/oron-catts-designing-future--semi-living-1829. '디자인의 상태 페스티벌'. 강연 동영상. 호주 멜버른. 2009.

16 Oron Catts and Ionat Zurr, "Towards a New Class of Being: The Extended Body". In: *Artnodes, Issue* 6. 2006.

17 http://www.tca.uwa.edu.au/extra/extra_ear.html.

18 Simon Hardey, Louis Bec, François Mourre, Gonzague Defos du Rau, Remy Lalane, Mikael Le Bras and Jean-Luc Lugrin, "Modelling the Upokrinomena: Artificial Physiology for Artificial Life". In: Smart Graphics 4th International Symposium, SG 2004, Banff, Canada, May 23~25, 2004. Proceedings. pp. 21~30.

19 Stephen Wilson, *Information Arts*. The MIT Press. 2002. pp. 346~348.

20 Louis Bec, "Artificial Life under Tension-A Lesson in Epistemological Fabulation". In: Christa Sommerer and Laurent Mignonneau (ed.), *Art@Science*. Springer. 1998. pp. 92~98.

21 Louis Bec, "Life Art". In: Eduardo Kac (ed.), *The Signs of Life.* The MIT Press. 2007. pp. 83~92.

22 William Mitchell, "The Work of Art in the Age of Biocybernetic Reproduction". In: *Modernism/Modernity*. 10, no. 3. 2003. pp. 481~500. (p. 500.)

23 Theo Jansen, TEDxDelft: A new Breed of Beach Animals (2011). http://www.youtube.com/watch?v=RnvxTWGKtrg

24 http://www.uram.net/kor_new/intro_kr.html

10장 디지털 미학

1 〈기술복제시대의 예술작품〉. p. 210.

2 〈기술복제시대의 예술작품〉. p. 203.

3 〈기술복제시대의 예술작품〉. p. 211.

4 〈기술복제시대의 예술작품〉. p. 212.

5 Alexandre-Jacques-François Brierre de Boismont, *On Hallucinations: A History and Explanation of Apparitions, Visions, Dreams, Extasy, Magnetism and Somnambulism* (trans. by Robert T. Hulme). London. 1859. pp. 19~20.

6 Lev Manovich, *The Language of New Media.* The MIT Press. 2001. p. 302.

7 〈기술복제시대의 예술작품〉. p. 227.

8 Bernhard Greiner, Hinübergehen in das Bild und Errichten der Grenze. Der Mythos vom Chinesischen Maler bei Bloch und Benjamin und Kafkas Erzählung "Beim Bau der chinesischen Mauer". In: Jürgen Wertheimer/ Susanne Göße (hrsg.), Kultursemiotische Vergleiche Leseweisen in Deutschland und China. Tübingen. 1999. S. 175~199.

9 〈기술복제시대의 예술작품〉. p. 227.

10 〈기술복제시대의 예술작품〉. p. 226.

11 Char Davies, "OSMOSE: Notes on Being in Immersive Virtual Space". In: Colin Beardon and Lone Malmborg (ed.), *Digital Creativity: A Reader*. Swets & Zeitlinger Publishers/Netherlands. 2002. pp. 101~110.

12 〈기술복제시대의 예술작품〉. pp. 219~220.

13 〈기술복제시대의 예술작품〉. p. 225.

14 〈기술복제시대의 예술작품〉. p. 216.

15 Rosemary Hawker, "Idiom, Postmedium: Wenn Gerhard Richter Foto Malt". In: Dietmar Elger und Kerstin Küster (hrsg.). *Fotografie und Malerei als Fotografie: Acht Texte zu Gerhard Richters Medienstrategie*. Walter König/Köln. 2011. S. 105~132.

16 〈사진의 작은 역사〉. p. 250.

17 〈사진의 작은 역사〉. p. 246.

18 Dominique Baqué, *Les Documents de la Modernité: Anthologie de Textes sur la Photographie de 1919 à 1939*. Jacqueline Chambon/Nîmes. 1993. p. 399.

19 Aron Vinegar, "Ed Ruscha, Heidegger, and Deadpan Photography". In: Diarmuid Costello and Margaret Iversen (ed.), *Photography after Conceptual Art*. Wiley-Blackwell. 2010. pp. 28~49. (p. 40.)

20 〈사진의 작은 역사〉. pp. 250~251.

21 〈기술복제시대의 예술작품〉. p. 220.

22 돈 애즈, 《포토몽타주》. 이윤희 옮김. 시공아트. 2003. p. 13.

23 〈기술복제시대의 예술작품〉. p. 215.

24 〈사진의 작은 역사〉. pp. 236~237.

25 〈사진의 작은 역사〉. p. 236.

26 〈사진의 작은 역사〉. p. 237.

27 Rosalind E. Krauss, *The Optical Conscious*. The MIT Press. 1994. p. 178.

28 Peter Brooker, "Key Words in Brecht's Theory and Practice of Theater". In: Peter Thomson and Glendyr Sacks (ed.), *The Cambridge Companion to Brecht*. Cambridge University Press. 1994/2006. p. 216.

29 할 포스터, 《욕망, 죽음 그리고 아름다움》. 전영백 외 옮김. 아트북스. 2005.

30 Rosalind E. Krauss, p. 178.

31 James M. Mellard, *Beyond Lacan*. State University of New York Press. 2006. p. 49에서 재인용.

32 Jennifer Friedlander, *Feminine Look: Sexuation, Spectatorship, Subversion*. State University of New York. 2008. pp. 11~16.

33 Roland Barthes, "Photographic Message" (1961). In: *A Barthes Reader*. (ed. by Susan Sontag). Hill & Wang/New York. 1982. pp. 194~210. (p. 209.)

34 롤랑 바르트, 《밝은 방》. 김웅권 옮김. 동문선. 2006.

35 자크 라캉, 《자크 라캉 세미나 11: 정신분석의 네 가지 근본 개념》. 맹정현·이수련 옮김. 새물결. 2008. p. 88.

36 Dylan Evansn, *An Introductory Dictionary of Lacanian Psychoanalysis*. Routledge/London. 1996. p. 59.

37 Mladen Dolar, "I Shall Be with You on Your Wedding-Night: Lacan and The Uncanny". In: *October*. Vol. 58, Rendering The Real. Autumn 1991. The MIT Press. pp. 5~23. (p. 5.)

38 할 포스터, 《실재의 귀환》 (1996). 이영욱·조주연·최연희 옮김. 경성대학교출판부. 2003. p. 211.

39 《실재의 귀환》. p. 202에서 재인용.

40 《자크 라캉 세미나 11》. p. 83.

41 《실재의 귀환》. p. 210.

42 《실재의 귀환》. p. 222의 각주.

43 《실재의 귀환》. pp. 223~224.

44 《실재의 귀환》. p. 233.

45 《실재의 귀환》. pp. 216~217.

46 《실재의 귀환》. p. 226.

47 《실재의 귀환》. p. 252.

48 《실재의 귀환》. p. 70.

49 《실재의 귀환》. p. 323.

50 Mladen Dolar, p. 7.

51 Karl Marx, *Der achtzehnte Brumaire des Louis Bonaparte*. MEW 8. 1852. S. 11.

52 폴 비릴리오, 《전쟁과 영화: 지각의 병참학》. 권혜원 옮김. 한나래. 2004.

53 Georges Bataille, "Base Materialism and Gnoticism". In: *Visions of Excess: Selected Writings, 1927~1939* (ed. Allan Stoekl). The University of Minnesota Press. 1985. pp. 45~52.

54 발터 벤야민, 《수집가이자 역사가 에두아르트 푹스》. 발터 벤야민 선집 5. 최성만 옮김. 길. 2008. p. 271.

55 Mauro Mancia (ed.), *Psychoanalysis and Neuroscience*. Springer/Milan. 2006.

56 Yoseph Bar-Cohen, *Biomimetics: Biologically Inspired Technologies*. CRC Press. 2006.

57 《실재의 귀환》. p. 72.

58 Phillipe Ariès, *L'Homme devant la Mort*. Seuil. 1977.

59 발터 벤야민, 《아케이드 프로젝트》. 조형준 옮김. 새물결. 2005.

60 《실재의 귀환》. p. 239.

61 자크 데리다, 《그라마톨로지》 (1967). 김성도 옮김. 민음사. 2010.

62 장 보드리야르, 《시뮬라시옹》. 하태환 옮김. 민음사. 2012.

63 《실재의 귀환》. p. 251.

64 Slavoj Žižek, "From Biogenetics to Psychoanalysis". 계명대학 목요철학 세미나 강연문. 2003. 이진우, 《테크노 인문학》. 책세상. 2013. pp. 259~279 (p. 270)에서 재인용.

초고 수록 지면

20 디지털 사진의 푼크툼

2009년 2월 19일에 열린 '제2회 기술미학포럼: 디지털 푼크툼의 순간과 진정성'에서 발표

21 포토리얼리즘에서 합성리얼리즘으로

2009년 서울과 뉴욕에서 열린 작가 강형구의 개인전 카탈로그

22 사진의 유령

2009년 8월 22일 사진집단 '일우'가 주최한 '일우여름학교'에서 발표

24 언캐니 밸리

2012년 10월 26일 고려대학교 '학문소통연구회'의 초청강연에서 발표

27 강박적 아름다움

2010년 3월 30일 인터넷서점 예스24의 웹진 '채널예스'에 기고

이미지 인문학 2

섬뜩한 아름다움을 창조하는 언캐니의 세계

지은이   진중권

2014년 8월 4일 초판 1쇄 발행
2014년 8월 18일 초판 2쇄 발행

책임편집   남미은
편집자   선완규·안혜련·홍보람
디자인   민진기디자인
용지   화인페이퍼

펴낸이   선완규
펴낸곳   천년의상상
등록   2012년 2월 14일 제300-2012-27호
주소   (121-865) 서울시 마포구 동교로 45길 26 101호
전화   (02) 739-9377
팩스   (02) 739-9379
이메일   imagine1000@naver.com
블로그   blog.naver.com/imagine1000

ISBN   979-11-85811-01-7 04100
           978-89-968706-9-2 04100 (세트)

이 도서의 국립중앙도서관 출판시도서목록(CIP)은 서지정보유통지원시스템 홈페이지(http://seoji.nl.go.kr)와
국가자료공동목록시스템(http://www.nl.go.kr/kolisnet)에서 이용하실 수 있습니다.
(CIP제어번호: CIP2014020075)